十大歷史謎團

郭箏

目次

前言

大約在我六、七歲的時候，忽然在家中發現一本《史記》，當時心想：這是什麼東西？好奇的翻開一看，什麼？字的旁邊怎麼沒有注音符號？更荒唐的是，連標點符號都沒有！

好吧，沒有這些符號就算了，很費力的看了十幾個字，問題來了，「幼而徇齊」，什麼意思？

我捧著書去找父親，他指著排列在那句話之下的許多密密麻麻的小字，跟我解釋了半天，我連一個字都聽不進去。

我的天，讀一本史書這麼麻煩，以後鐵定不讀歷史。

後來激發我興趣的是京劇。那時電視剛剛問世，只有「台視」一家，沒什麼好看的節目，因為許多當權的老先生愛看京劇，於是每個星期天晚上的黃金時段，必播一齣京劇，闔家觀賞，呵欠連天，只有我跟祖父看得津津有味，我只是因為那些演員翻筋斗翻得太漂亮了。

身為歷史學者的祖父雖然愛看戲，卻經常批評這齣戲哪裡不對、不符史實，逐漸挑起我對歷史的好奇心。

京劇裡的三國戲最多，我很小就知道《三國志》與《三國演義》的不同在哪裡。

二〇〇七年底，我幫吳宇森導演寫完電影《赤壁》劇本，正準備搭機返回台北，卻被製片人找去，約在一家挺昂貴的火鍋店見面。

原來是另一位製片人想要跟我們談談下一個案子。

這位製片人排場很大，自稱曾經當過江澤民先生的文膽。

席間，他問起拍攝《赤壁》的種種情形，我告訴他，吳導演不太想用《三國演義》的片段，而希望以《三國志》的記載還原這歷史時刻。

他很不以為然的說：「《三國志》？《三國志》只是另外一個版本嘛。」

天哪，《三國志》「只是另外一個版本」？

我這才發現，我不到八歲就明白的事情，有些人花了大半輩子都還沒搞懂。

我不是歷史學者，只是業餘的歷史愛好者。

這也有好處。歷史學者講究實證，有一分證據說一分話，不重視體驗與想像，業餘者則不用這樣。

古人寫書，惜字如金，時代越早的書寫得越簡練，可能是因為寫字要用刀刻在竹簡上，太過費力。

如此言簡意賅的正史，自不免留下許多罅隙，業餘者正好在此發揮想像。但這想像可不能是天馬行空、沒有證據的胡思亂想，而得根據事實加以衍生，目的是要找出真相、還原真相。

英國哲學家柯林．伍德有這樣的觀點：「歷史就是按照大量材料，想像古人的心靈活動。」

解讀歷史事件，首先要能設身處地、將心比心，先弄清楚那整個時代的環境、制度、生活方式、觀念習俗等等，這就必須閱讀大量的史料，而後將史料與想像結合在一起，考證排比、去偽存真。

植基於史料的想像，介於正史與小說之間，這也是我不想把以下的故事寫成小說或劇本的原因。

秦朝滅亡之謎

1

自古以來，大家對於秦始皇的評價不一。

有人說秦始皇開創了大一統的時代，有著不世出的豐功偉業；有人說秦朝苛政猛如虎，秦始皇是個不折不扣的暴君。

大家可得設身處地的想一想。

秦滅六國，君臨天下，幾年之間，徵發四十餘萬人築長城，三十餘萬人修直道，七十餘萬人建阿房宮、始皇陵；為了北擊匈奴、南戍五嶺，前前後後又徵調了一百多萬兵士、民伕。

當時全國人口大約兩千多萬，青壯男子頂多只有五百萬左右，就等於每兩名青壯男子當中就有一人被徵調去打仗、做苦工，因公殉職的只能得到一百二十錢撫恤金。

此外，秦法有多麼嚴苛？隨便舉個例子：三人以上聚在一起飲酒作樂，就是犯法。按照這個標準，當今世界上所有的人都是罪犯，都該被派去建築阿房宮。

總而言之，秦始皇根本是把六國的百姓當成了畜生。

但老百姓難道都是木頭、泥巴做的，胸中沒有一點點的怒氣與怨氣？就算是一鍋泥巴漿，煮久了也會沸騰吧。

再說到秦始皇的豐功偉業，修建阿房宮、始皇陵，都是為了滿足他個人的私欲，跟天下大勢無關，至於築長城、修直道、車同軌、書同文，倒是奠立了往後各朝各代的基礎。

然而，我們應該換個角度來看：如果是趙國、魏國或不管哪一國統一了天下，他們的君王難道不會做同樣的事？

燕、趙各國本來就有防範北方遊牧民族的城牆，秦朝只是把它們連結在一起而已；修馳道與直道、車同軌，則是最基本的交通建設；書同文就更必需了，中央政府下達的命令，怎能讓國內許多地區看不懂？

所以，換了別國的君主統一天下，這些事情也一定都會做，但會不會跟秦始皇一般驅役百姓如豬狗？可就很難說了。

2

秦朝是怎樣滅亡的？大家想必耳熟能詳。

根據《史記》的記載大致如下：

西元前二一〇年七月，秦始皇於巡行天下的時候病死了，二兒子胡亥假傳聖旨，殺了他的哥哥扶蘇，繼位為帝。

一年後（西元前二〇九年七月），陳勝、吳廣兩個「屯長」，率領九百名戍卒前往「漁陽」去當邊防軍，因為天下大雨，延誤了行程，按照嚴苛的秦法，這些人統統都會被處死刑，於是陳、吳二人便鼓動大家：「反正都不免一死，不如揭竿起義。」

這九百人的雜牌軍一經發動，鄰近郡縣的老百姓就跟鍋中沸騰的泥巴漿一樣紛紛響應，聲勢越滾越大，不消多久就聚集了十幾萬人。

秦朝的地方軍不堪一擊，竟被這群雜牌軍打得節節敗退。

陳勝志得意滿，建國「張楚」，並派遣一個名叫周文的將領率軍西征大秦首都「咸陽」。

周文一邊向西推進，一邊徵召各地的亂民，號稱擁兵數十萬，似乎不怎麼費力的就通過了「函谷關」，推進到戲水東岸（今日臨潼附近），距離咸陽只剩五十公里左右。

二世皇帝胡亥慌了手腳，「少府」章邯建議：「盜已至，眾強，今發近縣不及矣，驪山徒多，請赦之，授兵以擊之。」

立刻徵調在「驪山」為始皇陵覆土的幾十萬名囚犯為兵，以章邯為指揮官，司馬欣、董翳為副。

形勢頓時逆轉過來。已攻下不少城鎮的雜牌軍成了既得利益者，囚犯軍反而懷抱「反正不免一死」的心理，雖然倉卒成軍，仍比周文的雜牌軍高出一籌，一戰而勝，雜牌軍退出關中，章邯率軍追擊，周文退到澠池，自殺身亡。

陳勝、吳廣的義軍從此連敗不止，陳勝被他的馬車駕駛莊賈所殺，「張楚國」一煙消雲散。

但各地蜂起的義軍與故六國宗室據地稱雄，各自為政，大有恢復當年戰國七雄的態勢。

西元前二〇八年，以項梁為首的楚軍，擁立當年「楚懷王」的孫子熊心為楚懷王。

這個新建立的「楚國」實力最強，麾下有兩名大將——劉邦、項羽。

西元前二〇七年九月，秦朝的權臣趙高殺了胡亥，繼位者子嬰又殺了趙高。沒多久，劉邦率兵攻入關中，子嬰投降，秦朝滅亡。

接下來就是大家更熟悉的「楚漢爭霸」，此乃後話，暫且不提。

3

以上這段記載，我反反覆覆的不知讀過多少遍，總覺得其中缺漏很多，有些地方甚至太不合情理，主要就在周文西征這一段。

周文本來是「戰國四大公子」之一楚國「春申君」的食客，並未真正帶過兵、打過仗，只善於紙上談兵，但因陳勝的手下都是烏合之眾，沒有富於經驗的軍事專家，大約聽說過周文的名聲，便委以重任。

大家別忘了，此時距離「大秦」統一天下才只十二年。

秦國既有能力吞併六國，奪取了六國全部的資源，以當時的國力、軍力、經濟力而言，應該都在鼎盛時期，為何竟無法擊敗陳勝的雜牌軍？

當然，各朝各代的兵力分配都是以防衛首都的禁衛軍最強，邊防軍其次，駐守內地的地方軍則最為孱弱。

陳勝、吳廣造反的區域只在當今河南省一帶，十二年間享受著太平歲月、沒打過任何一仗的地方軍就像一堆廢物米蟲，敵不過「反正不免一死」的農民軍，並不令人意外。

後來，西漢末的綠林、赤眉，唐朝的安祿山、黃巢，北宋末的金兵，元末的紅巾，明末的流寇，清朝的「太平天國」，也都遭遇到同樣的廢物。

但率軍西征的周文可不一樣了，他將要面對的是駐守在首都咸陽附近、最精銳的禁衛軍，而且還得先攻克天下最險要的「函谷關」，才能進入關中平原。

這函谷關當真是一夫當關，萬夫莫敵。戰國時，其餘六國經常興兵攻秦，卻從未能過得了這一關。西漢才子賈誼的《過秦論》裡寫道：六國「嘗以十倍之地，百萬之眾，叩關而攻秦，秦人開關延敵，九國之師，逡巡遁逃而不敢進」。

然而，周文率領的烏合之眾一路向西，他們是怎樣通過函谷關的？《史記》完全沒有記載，似乎未打一仗、未損一卒，就輕輕鬆鬆的通過了這道天險，守關的秦軍難道都在睡覺？

繼而，周文挺進到戲水，距離咸陽只剩五十公里左右。

秦朝的反應是什麼？「今發近縣不及矣」，也就是說，調集咸陽附近郡縣的軍隊前來勤王，已經來不及了，只得徵召正在做苦工的囚犯組編成軍隊禦敵。

這又怪了，禁衛軍在哪裡？

正值強盛期的帝國首都附近，怎麼會沒有禁衛軍呢？

太違反常理了！

秦朝的中央禁衛軍分成郎衛、宮門衛屯、首都衛戍軍三種，總人數應該有多少？不見史籍記載，但邊防大將蒙恬被二世胡亥賜死之前曾說：「使臣將三十萬眾守邊」、「今臣將兵三十萬」，可見蒙恬率領的邊防軍就有三十萬，以此推測，中央的禁衛軍最起碼不會少於十萬。

他們都跑到哪裡去了？竟要囚犯代替他們去打仗！

甚且，不但沒有半個兵，也沒有半個將領。

胡亥派出了「少府」章邯當囚犯軍的指揮官。

少府是幹什麼的？

秦朝時的「九卿」——郎中令、太僕、衛尉、廷尉、奉常、典客、宗正、治粟內史、少府，類似如今行政院的各部會首長。

少府為九卿之一，職責是「掌山林、池澤之賦以給共養」，也就是水利會、漁會、林務局的主管官員，還要管理各地的手工業，但他並非財政部長，徵得的稅收全部歸入皇帝的私人帳戶，說穿了，就是掌管皇帝私房錢的會計主任。

危急存亡之秋，居然派了個會計去當指揮官？

大秦的戰將何其多，雖然胡亥殺了蒙恬、蒙毅兩員大將，但並沒有整肅其他將領的記載。

至於兩個副指揮官，司馬欣是牢頭，多半是要借重他管理囚犯的經驗；另一個董翳，官居「都尉」，總算是個職業軍官，大約相當於現在的師長。

這樣的三個指揮官，就成了拯救大秦帝國危亡的支柱。

這會不會太荒謬了？

如果說，禁衛軍的兵卒都被調派到外地去打仗，總該有老將、大將留在首都；如果將領們都被胡亥殺光了，也該會有兵卒留下來。

沒有兵，也該有將；沒有將，也該有兵，怎麼會統統都不見了呢？

如果說，禁衛軍曾經跟雜牌軍交過鋒，結果禁衛軍跟地方軍一樣窩囊，打了個大敗仗，《史記》為何隻字未提？禁衛軍全軍覆沒，倉卒編組而成的囚犯軍卻能一戰而勝？簡直匪夷所思。

更離奇的是，兩千多年來，居然沒有一個專家學者對這怪異的情況發出疑問。

4

千古最大謎團！到底怎麼回事？

我以小說家的身分做出的揣測如下：

秦人向來有殉葬的風俗，我說的不是強迫性的「殺人以殉」，而是自願「從死」——追隨偉大的領袖於黃泉地府，不但生前要服侍護衛他，死了之後也是一樣。

秦始皇在秦人心目中的偉大地位，比起二戰時希特勒在德國人心目中的地位，肯定要高出一百倍不止。

當秦始皇的死訊傳出來以後，跟皇帝最親近的禁衛軍上上下下如喪考妣，是必然會產生的心理狀況，而這種情緒會跟病毒一般傳染蔓延，從將領至兵卒，都陷在同樣的漩渦當中。

雖然早在秦獻公元年（西元前三八五年）就頒發了「止從死」（不准活人殉葬）的命令，但是對於自願殉葬的人來說，這命令根本如同廢紙——我都已經準備去死了，你還能把我怎麼樣？再殺我一次？

於是，當秦始皇的棺槨運入陵寢之後，禁衛軍也排列好隊伍，浩浩蕩蕩的跟著進入，正如從前護衛活的始皇帝一般。

胡亥必定會派人來勸他們離開，但誰會聽他的？你胡亥是個什麼東西呀？指揮官一聲令下，十幾萬兵士排排站定，陪著主上走完人生的最後一段旅程。

陵寢入口的大石落下，不需幾個鐘頭，陵墓內的氧氣就會耗盡，十幾萬名勇士紛紛倒地身亡。

如果將來發掘始皇陵，看見通道上除了築陵的工匠與「後宮無子者」的屍骨之外，還整整齊齊的排列著十幾萬具全副武裝的白骨，千萬別太驚詫。

秦帝國精銳的禁衛兵最後去了哪裡？
攝影／ RAStudent 圖片來源／ Pixabay

5

也許你會問，既有活人殉葬，為什麼還需要兵馬俑？

這是兩件不同的事情，並不互相衝突。

始皇陵的建造，從探勘地形、決定形制開始，共歷時三十九年，兵馬俑的建造當然早就在計畫之內，兵、馬、戰車的數量之多，必得耗費幾十年歲月。而自願殉葬的禁衛軍並不在計畫之內。

「從死」的念頭源自秦人古老的傳統，也許他們從很小的時候就接受到「追隨主上於地下是件非常光榮的事」這種觀念。

這念頭隱隱約約的潛藏在大家心底深處，平常不會跟別人提起，但當事情真正發生的時候，尤其這主上是秦人有史以來最偉大的一個，「從死」的念頭就強烈的破繭而出，赫然發現許多同袍的想法都跟自己一樣，便更沸騰的渲染開來，一呼百諾，萬眾欣然就道。

這決非出於原本的計畫，恐怕連秦始皇自己都始料未及。

還有人認為兵馬俑的主人不是秦始皇，而是秦「宣太后」羋八子，這就不在討論範圍之內。

6

《史記》中有一則記載可做為我這臆測的佐證：胡亥於西元前二〇九年徵調五萬「材士」（勇武過人的武士）屯衛咸陽。

編年體的《資治通鑑》把這段記載放在西元前二〇九年的夏天。

這時，陳勝、吳廣尚未起義，天下太平，胡亥為何突然需要徵調材士屯衛首都？

很顯然，就是因為禁衛軍都「從死」去了。

所以整件事情的順序是：

西元前二一〇年七月，秦始皇於出巡途中病死。

八月，秦始皇的棺槨運回咸陽。

九月，秦始皇下葬，禁衛軍集體「從死」。

接下來要插入一段能夠推翻我的揣測的記載：

西元前二〇九年春天，胡亥東巡至碣石（如今的秦皇島），四月回到咸陽。

秦始皇曾六度巡遊全國，胡亥繼位，當然也想東施效顰一番。

秦始皇的巡行每一次都超過半年，而胡亥這次巡行，春天出發，四月就回來了，頗有虎頭蛇尾之嫌。

不管怎麼樣，皇帝出巡不可能沒有禁衛軍隨扈。

因此，禁衛軍並未從死？

我的推測是，一部分禁衛軍在去年九月就入陵「從死」，但仍有一部分尚未下定決心，他們護衛著胡亥東巡，但胡亥只是個昏庸無能、萬事懵懂的公子哥兒，旅途中必定發生了許多狗屁倒灶的事，讓他們覺得侍奉這個主子實在太無意義，怨聲載道，使得這次東巡草草結束。

大家想想，以那時的交通條件，馳道即使修得再為平整，也還只是泥巴路，乘坐馬車從陝西咸陽走到河北的渤海灣，來回一趟只花了兩個多月，這是在趕魂嗎？若非軍心不穩，狀況百出，幹嘛要急著趕回家？

四月間返回咸陽之後，剩下的這一批禁衛軍便又都自殺了。

禁衛軍全都沒了，胡亥不得不徵調五萬材士來填補空虛的首都防務。

八月間，周文的雜牌軍攻入關中，這五萬人若非還未到齊，就是訓練不足無法應敵，只能先以囚犯軍打頭陣。

章邯率領囚犯軍打敗了周文，又一路追擊至河南，勢必不可能把全部的囚犯軍都帶出去，肯定還留下了一部分駐防首都，再加上訓練完畢的五萬材士，軍力恢復到一定程度，所以兩年後，當劉邦、項羽再度進攻關中之時，情形可就不一樣了。

史記對於劉邦、項羽的進攻關中記載得非常詳細。

大家熟知，楚懷王與眾將約定「先入關中者封王」，而楚國的君臣忌憚項羽的殘忍勇猛，都屬意於有「長者之風」的劉邦。

劉邦進攻關中就沒周文那般順當，這時已經群雄併起，他一路向西，花了不少力氣跟各國軍隊交戰，卻連函谷關都接近不了，後來他聽從張良的建議，折轉向西南，迂迴繞路，從南陽郡、鄧州再轉向西北，想要攻擊咸陽南方的「武關」，張良說：「秦兵尚強，未可輕。」

當初周文攻進來的時候，為什麼沒有這些「實力還很強」的秦兵呢？所以這批秦兵應該就是後來徵召的五萬名材士與章邯留下的一部分囚犯兵。

劉邦一面賄賂守關的秦將，一面使出偷襲的手段，攻克了武關，翻越秦嶺山脈，「又與秦軍戰於藍田南……秦軍解（懈），因大破之，又戰其北，大破之，乘勝，遂破之」，一連用了三個「破」字，就是硬碰硬的打了好幾場仗，才得以直逼咸陽，子嬰請降。

項羽則是先在「鉅鹿」與王離率領的邊防軍大戰一場，威震六合，章邯也投降了，然後他率領諸國聯軍一路朝西，而「函谷關有兵守關，不得入」。

這就怪了，周文入關時怎麼連提都沒提？難道是「無兵守關，輕鬆入」？同樣的道理，現在守關的兵士也屬於上述的那批人。

最後項羽只得採取強攻函谷關的手段，才得以進入關中平原。

劉邦、項羽進攻咸陽的歷次戰役都記載得很詳細，周文的西征軍卻只跟囚犯軍打了一場。

司馬遷絕對不是漏掉了周文與禁衛軍交戰的記錄，而是根本就沒發生，當然也就無從記起。

7

又有人會問了，十幾萬禁衛軍從死，是一件多麼驚天動地的大事，司馬遷為何不記載？

我的答案是：當時並沒有幾個人知道這件事，所以也就沒流傳下來。

這答案乍看之下強詞奪理，其實一點也不。

這又得大家設身處地的想一想。

如果你是秦朝中央政府的官員，猛然聽到禁衛軍統統都自願死在了陵墓裡，你會做何反應？

驚魂甫定之後，首先想到的就是一定得把這消息壓下來。第一，絕對不能讓天下百姓知曉，雖然那時陳勝、吳廣尚未起義，國內還沒有動亂，但這消息如果走漏，仍會產生不良影響；第二，更不能讓那些在首都附近做苦工的幾十萬名囚犯知曉，否則囚犯必反。

禁衛軍整隊入陵，當然不會鑼鼓喧天的經過市街。就以今日來說，駐防台北的第六軍團調動防務，有哪個台北市民會知道？如果第六軍團統統都「從死」去了，總統府或國防部會發布這消息嗎？一定要把全國老百姓都蒙在鼓裡，而這並不困難。

層級不高的中央官員，知情者也不會太多，較為知此機密的應是宗室中的王公貴族，但在項羽攻入咸陽後，這些宗室、重臣或被斬殺，或早就逃回老家去了。

至於被徵調作戰的囚犯，很可能自始至終都不知內情，否則誰還會幫你打仗？做夢！沒掉過頭來打你就不錯了。

他們幫秦朝打了不少糊塗仗，直到戰死沙場都還不曉得自己居然是秦朝僅剩的「精兵」。

8

回想當日，周文的部隊輕鬆通過函谷關，未曾遭遇任何抵抗，他們一定心下狐疑，以為禁衛軍設下了歹毒的陷阱；當他們順利的抵達戲水，「至戲，軍焉」，說得好聽是安營紮寨、略做整頓，說得難聽就是害怕秦軍正在玩弄引君入甕的把戲。

自己嚇自己的認為對方藏著最厲害的殺著，豈料對方根本什麼都沒有。正如「鬥地主」牌戲，該出火箭、炸彈的時候不出，反被地主用一對小三收尾。

周文至死都想不到，如果他膽大心細、快速進兵，囚犯軍來不及組編，他說不定早就把咸陽打下來了。

可惜他沒有實戰經驗，膽子又不夠大，錯失了千古難逢的大好機會，否則他若攻破咸陽，劉邦、項羽可能都沒戲可唱，往後兩千多年的歷史勢必改寫！

9

大臣之中，章邯一定知情，因為《史記》記載，建議胡亥徵調囚犯為兵的就是他。他是胡亥私房錢的會計主任，整天跟在胡亥身邊，當然會參與最機密的會議。

鉅鹿之戰後，章邯投降給項羽，他或許會跟項羽說出這件事。

而這也可能間接改寫了歷史。

怎麼說呢？

劉邦雖然率先攻入關中，但論兵力可比項羽差得多，項羽後來居上的把劉邦邊緣化了。

以項羽當時的威勢，予取予求，想怎樣就怎樣，誰能管得著他。

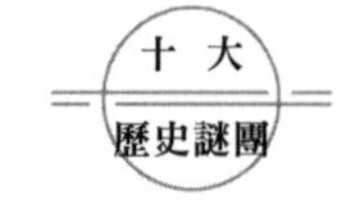

那時的咸陽城多麼雄偉壯觀，大概是全世界最燦爛的城市，關中平原又易守難攻，土地肥沃，是成就霸業的絕佳所在，項羽卻不願留在這兒，理由是：「富貴不歸故鄉，如衣繡夜行，誰知之者？」

因此有人批評他：「人言楚人沐猴而冠，果然！」意思是，楚國人都是戴著帽子裝出人模人樣的獼猴。

這話傳入項羽耳中，氣得他把這個評論者丟入大鍋活活的煮了。

我的看法是，項羽不願留在關中稱王，甚至還一把火燒光了咸陽城與始皇陵，是因為他覺得這裡的冤魂厲鬼太多。

光是陵墓裡就隱藏了十幾萬條幽靈，開玩笑，這一隊曾經席捲天下的精兵驍騎，萬一跑出來作亂怎麼辦？趕快一把火燒了，消滅惡靈！

以當時人的迷信，不無可能。

項羽若留在關中稱王，被趕到漢中盆地去的劉邦後來就沒有「明修棧道，暗度陳倉」的機會，只能以「漢王」終老此生了。

還好，根據學者專家研究，項羽的這把火雖也燒了始皇陵，但只燒掉了陵墓的地面建築與一部分兵馬俑，十幾萬名從死的禁衛軍還留在陵墓內，等待後人發掘。

10

十幾萬人自願殉葬，的確不可思議。

不過，在當時人的觀念裡，「死亡」或許並不可怕。

佛教於東漢明帝時傳入中原，在此之前，人們的腦海裡並沒有恐怖詭異的「地獄」，大家都認為人死了之後會進入「黃泉地府」。

那是個什麼樣的地方？其實就跟地面上的世界差不多，每個人都能分到一畝三分地，種樹種花種蔬菜，農舍能蓋得多豪華，就看你的後人會燒多少紙錢給你，紙車、紙馬、紙隨從，當然也是越多越好，這習俗一直流傳到如今，否則大家在清明節那天亂燒些什麼？現在的花樣可多了，冷氣、冰箱、賓士、哀鳳……可見黃泉地府多麼愜意。

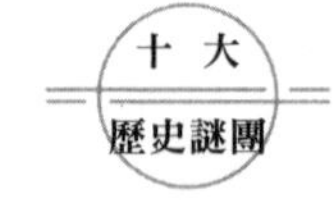

明代小說家馮夢龍根據漢朝時的一則傳說，寫成了「羊角哀捨命全交」，收在《喻世明言》內，故事大致如此：

楚元王聽說大儒左伯桃很有學問，派人徵辟他進王府，左伯桃便興匆匆的出發了。一晚錯過了宿頭，只好借住農家，農家主人名叫羊角哀。長夜漫漫，兩人喝酒聊天，左伯桃發現羊角哀的學問比自己還好，而且武功高強，驚訝之餘，便對他說：「賢弟如此高才，何不跟愚兄一起去王府，必得王爺重用。」

羊角哀本無功名利祿之心，但禁不住左伯桃一再慫恿，就跟著他一起前往。

兩人走上「梁山路」，那是片荒山曠野，狼虎成群，兩人賈勇前行，夜宿古墓，偏又遇上了一場大風雪，數日不止，兩人攜帶的乾糧都快吃光了，又冷得要命，左伯桃患了重感冒，羊角哀扶著他勉強來到一株桑樹下，左柏桃自知熬不過這場劫難，便將剩下的乾糧都交給羊角哀，甚至把自己的衣服脫下來讓他穿上。「賢弟見了楚元王必獲重用，那時再來葬我不遲。」

羊角哀當然不同意，但左伯桃又說：「如果我們兩個都死了，誰來埋葬我們呢？」

羊角哀只得大哭拜別而去，左伯桃就死在桑樹的樹洞之中。

羊角哀進了王府，果然頗受器重，但他忘不了以性命成全自己的好友，便向楚元王請了賞賜，回去厚葬左伯桃。

他來到那株大桑樹下，左伯桃的屍體仍在樹洞內，面色如生。

羊角哀痛哭一番之後，在「浦塘之原」尋了塊風水寶地，將左伯桃隆重葬下。

不料，當晚羊角哀就夢見左伯桃來找他，苦著一張臉說：「多謝賢弟把我葬在這麼好的地方，但我隔壁就是曾經行刺秦始皇的荊軻，他罵我只是個凍死餓殺之人，不配做他的鄰居，又奪占了他的風水，所以他要把我趕走！這荊軻蠻不講理，又極威猛，請賢弟將我改葬別處，免得天天受他欺侮。」

羊角哀一覺醒來，到附近村莊一問，荊軻果然就葬在附近，村民還幫他建了廟，四時享祭。

羊角哀火大了，跑到荊軻廟裡，指著神像罵道：「你只是燕國的一個匹夫，受燕太子丹供養，不思良策以付重託，卻跑去刺殺秦王，刺又刺不成，弄得燕國因此滅亡，你真是個名過其實的大笨蛋！吾兄左伯桃乃當代名儒，比你強多了，你若再敢逼他搬家，我就毀你的廟、挖你的墳、絕你的根本！」

又到左伯桃墓前燒了些手執刀槍的草人去當左伯桃的保鏢。

晚上，強風暴雨，如交戰之聲，過沒多久，又見左伯桃狼狽而來。「賢弟給我的草製保鏢打不過荊軻，還是幫我搬家吧。」

羊角哀暴怒如狂，翌日一大早就去搗毀了荊軻的神像，還想放火燒廟，但附近的村民都覺得荊軻經常顯靈，不讓他燒。

羊角哀拗不過村民，便對他們說：「既然如此，我只好親自到地下去幫助我的義兄。我死之後，請將我葬在左兄墓旁。」話一說完，拔劍自刎。

好個羊角哀，不僅為朋友兩肋插刀，甚至連命都不要了。英雄悲壯，莫過於此！

當天夜裡，風雨大作，雷電交加，喊殺之聲傳到數十里外。

村民們都嚇得躲在家裡，到了清晨風停雨歇，出來一看，荊軻的廟已被燒光了，荊軻的墓則被刨開，屍骨都被挖了出來，亂丟在一旁。

這羊角哀的手段也太狠了！

楚元王聽說此事之後，加封羊、左兩人為「上大夫」，並在墓前建了一座「忠義之祠」。

村民們都不拜荊軻了，都來拜這忠義之祠，四時祭祀，所禱甚靈，至今香火不斷。

荊軻呢？從此靈也不顯了，大約鬥不過羊角哀，只得摸摸鼻子捲鋪蓋走路。

天哪！這真是一齣絕妙的黑色喜劇，不，根本是黑色鬧劇！

十幾年前，大陸的大導演田壯壯先生找我去北京，想把這個故事拍成電影。

我跟導演討論了半天，發現這故事其實並不那麼豪邁悲壯，羊角哀甚至有他的私心。

大家想想，如果我們發現死後的世界並不虛無可怕，也跟生前差不多，是死是活又有何差別？

羊角哀到了地下，打走荊軻，霸占了他的豪華別墅，不但可以和左伯桃把酒談心，逍遙林下，還可各自娶一個美嬌娘，閒來沒事，四個人湊成一桌打麻將，而且，最重要的是——他們都不會再死一次！

唉，那段沒有地獄的歲月，真幸福。

話再說回那批禁衛軍，他們也一定想跟著秦始皇去征服黃泉地府，繼續拓展大秦的霸業，就算已有十殿閻王，也殺得他們片甲不留！

史上最大奇蹟

1

有些歷史學家做過考證，秦漢時代的人，平均壽命只有三十幾歲。
那時的衛生、醫療條件都很差，這統計若包括了夭折的嬰兒，當然很有可能。

在這種環境裡，一個四十八歲的人還能做什麼？
四十八歲已可算是人瑞，他還能創業立基、叱咤風雲嗎？
尤其這傢伙是個躲在山裡的小土匪，徹底無賴，不學無術，沒讀過幾本書，武藝不佳，也不會騎馬，他憑什麼在八年之後就能夠號令天下？

2

我說的這個傢伙，就是漢朝的開國皇帝劉邦。

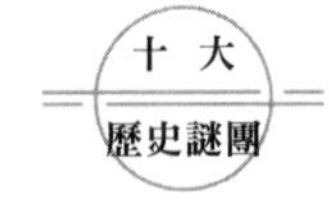

歷朝歷代的開國帝王都是前一個朝代的權臣或外族入侵的首領，嚴格說起來，只有兩個出身自平民的皇帝，另一個是朱元璋。

朱元璋少年時雖然窮苦，但他在二十四歲的時候就加入了有著白蓮教背景系統的紅巾軍，在龐大的祕密宗教與祕密結社之中發展自己的勢力。

劉邦呢？他本是個「亭長」。秦朝的地方組織是郡、縣、鄉、里、亭，里長的概念跟台灣現在的里長差不多，亭長比里長還小，是最底層的一級，掌管五公里不到的範圍內的治安與交通，手下只有「求盜」、「亭父」兩個亭卒。

他後來因為觸犯了嚴苛的秦法，躲入「芒碭山」中當土匪山賊，一直活到「人瑞」階段，才勉強集結了十幾個狐群狗黨。僅僅靠著這樣的基本部隊，就能掃平天下，難道這十幾個手下都是武功超絕的劍客，或者是外星人？

那時佛教還沒傳入，道教尚未成形，不知他拜的是最古老的《山海經》中的哪一尊神明？

這絕對是奇蹟！

歷史上僅此一家，別無分號。

3

還是從他的出生開始說起。

我們翻開《史記》之外的《二十四史》，第一篇一定是那個朝代的開國皇帝的本紀，本紀的一開頭一定會寫清楚這個皇帝的家世，而且大半會往上追溯到四世祖甚至更多，連出身平民的朱元璋也不例外。

但《史記》記載劉邦的家世是怎麼寫的？「父曰太公，母曰劉媼」，就這樣子而已。

所謂太公、媼，都是對老人家的敬稱，而不是他們的本名。

這可怪了！活像一篇通俗小說的開頭：「話說我們這個主角的爸爸叫劉老爹，媽媽叫劉奶奶。」

開國皇帝的父母怎麼連個全名都沒記載下來？

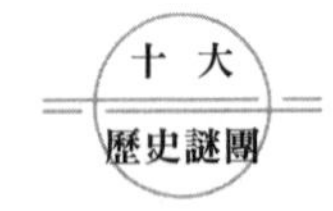

《史記》接著又寫，劉媼一日出門在外，碰上了大雷雨，她就在湖邊睡著了，夢見一個神明與她交媾；劉太公擔心她的安危，前去找她，卻看見一條蛟龍趴在她身上。回來後沒多久，劉媼就懷孕了。

當然，歷代史書記載帝王出生時多半都有異象，什麼紫光或異香滿室、神明捧著太陽往孕婦的肚子裡塞……等等；夢見與神交媾也不稀奇，帝堯的母親、周朝祖先「棄」的母親都曾有此經驗，但那是根據遠古傳說，而不像司馬遷記錄本朝之事，乃是根據上一輩口傳的資料。

司馬遷在此處描敘的可都是非常寫實的場景。劉媼怎麼會在大雨中睡著了？分明是她正與野漢子在湖邊的工寮內「野合」；劉太公怎麼會冒著大雷雨去找老婆？分明是有人通風報信，他要去當場捉姦！

但司馬遷膽子再大，也不敢秉筆直書，只好把趴在劉媼身上的野漢子改成了「蛟龍」。

劉邦的家鄉是沛縣豐邑中陽里，此地於春秋時期原本是宋國的領土，春秋末期，越國崛起，將此地劃入版圖；西元前三三三年，楚國大破越國，此地又歸屬於魯國；西元前二六一年，楚國滅魯，沛縣從此成為楚國的一部分。楚國、越國一直被中原各國視為蠻夷，不甚重視男女之防，「多野合者」，就是現在所謂的打野砲。

在這種時空環境之下，劉媼的行為並不驚世駭俗，但劉太公心裡沒有芥蒂才怪，所以日後就不給劉邦好臉色看。

「父不詳」、「偷生的」，其實並沒有什麼了不起，重點是，在如此背景下長大的小孩，可能會培養出什麼樣的個性與心理特徵。

小村莊隱藏不了任何祕密，劉邦或許從小就受到同伴的嘲謔，心知自己將來繼承不了劉家的產業，便養成了屌兒郎當、凡事不甩的處世態度，家中的勞務一概不管，又不愛讀書，成天和閭里少年鬼混，為人應很「阿沙力」，很能贏得同伴的好感。

他滿嘴髒話，動不動就罵人，尤其最愛大剌剌的說「乃翁如何如何」，「乃翁」就是今天經常聽到的「林北」。

野漢子的基因挺不錯，使得他長得又高又帥，喜歡追逐時髦服飾，整天穿得「趴哩趴哩」，領著同伴們在大街小巷胡晃亂逛，見到不順眼的人就罵：「幹！你瞄林北沖啥？」或在茶棚酒館裡恣意笑鬧，吃喝完了還不付錢，大手一揮，「記在林北的帳上！」

這種典型的不良少年、社會邊緣人，跟現在台灣街頭經常看見的「迌迌囝仔」是不是很像？

縱使日後當上了皇帝，仍然連父母的名字都不願意透露，讓史官無從下筆。

一個很有名的故事，項羽擒住了劉太公，當兩軍相持於「廣武」的時候，項羽把劉太公放在高壇上，旁邊放著一個大鍋子，脅迫劉邦：「你若不投降，我就把你老爸煮成一鍋肉羹。」

劉邦大笑：「好啊，分我一杯羹。」

這當然是心理戰的策略應用，但在劉邦的私心深處或許正有此意也未可知。

劉邦本名劉季，《史記索隱》中說：「高祖長兄名伯，次名仲。」兄弟的排行次序是伯仲叔季，劉家只有劉伯、劉仲、劉季，卻沒有劉叔，或許是夭折了，在醫藥不發達的年代，長不大的小孩可多了。他還有個弟弟叫作劉交。

劉季就是劉老三的意思，何時改名劉邦？不見記載。

他於西元前二五六年出生，秦朝攻滅楚國是西元前二二三年的事情，這時劉邦已經三十四歲了。他在楚國時代好像沒幹什麼正經事，直到秦朝時代才當上了亭長。

他什麼時候當上亭長？不可考，很可能就在秦朝吞併楚國之後，楚國各地都發生了天翻地覆的變化，原本的官吏死的死、逃的逃，新任的地方首長應由秦朝的中央政府指派，而衙門裡的吏員只得由地方上一些稍有勢力的人出任——這時所謂稍有勢力的人，若非「順民」頭兒，就是地痞流氓的老大。

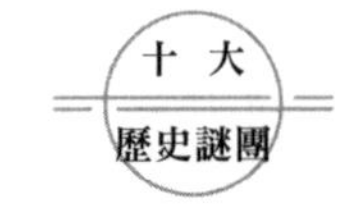

劉邦算是地痞小頭目，所以給了他一個最小最小、芝麻綠豆大的亭長，這一當就是十二、三年。

從無賴少年到無業青年，再慢慢邁入了無聊中年，他的個性多少會有些改變，但他仍然愛耍帥，當上亭長後，有一次甚至命令手下的「求盜」遠赴魯國的薛縣去買一頂當時最新潮的帽子；他仍然嬉笑怒罵，經常惡整縣衙的同事，但似乎也沒嚴重的得罪過他們，只是多添了一點茶餘飯後的笑談資料。

然而，當膚淺的喧鬧過後，他站在「泗水亭」的小辦公室外，望著夕陽西沉，邁動蹣跚的步伐走回沉悶乏味的家。這等時刻，他心中對自己還剩下多少期許？

大半輩子都過掉了，還在當最基層的公務員，什麼雄心壯志？什麼振翅高飛？去他娘的！林北只要家中不吵不鬧、兒女孝順貼心、偶爾喝喝小酒就夠啦，吃飽等死吧。

他早有外室，生了一個叫作劉肥的兒子；正室呂雉大約是他當上亭長之後才娶進門的，先幫他生了個女兒，後來繼位為漢惠帝的劉盈則是在秦始皇死的那一年才出生。

他大約就在此時獲罪。他奉命押解一批犯人去驪山做苦工，走沒多遠，犯人就逃亡了幾個，很可能是因為他貪杯誤事的緣故。

他的處境跟後來的陳勝、吳廣差不多，而陳、吳二人乾脆乘機號召大家起義，他卻沒這膽量，興許是因為他押解的犯人人數太少？陳勝、吳廣是屯長，押解了九百人，他只是亭長，頂多二、三十個，憑著這些鳥人能揭竿而起嗎？找死！

因之，他把大家都放了，準備孤身亡命天涯，卻有十幾個囚犯、亭卒願意跟著他，他便帶著他們躲入芒碭山中當土匪。

我們想像一下，一個鬢髮半白的「人瑞」，窩在濕冷陰森的山洞裡，三餐不繼，山中寒風吹透了他身上的單衣，更將他胸中僅存的那一點點可憐的人生憧憬也吹得蕩然無存。

我不相信他能在這種絕望的狀況裡堅持一年以上，若非病死、餓死，就是自首、自殺。

豈料神蹟就在幾個月後降臨到他身上。

陳勝、吳廣起兵了，鬧得天下大亂，原先六國宗室的後代都蠢蠢欲動，不想當兵、做苦工的老百姓則到處起鬨。

沛縣是楚國的故地，十五歲以上的人都在心底認定自己是楚國人，當然也跟其他地方一樣呈現不穩定的局勢。

縣令想順應民意跟著起義，便找來了主吏功曹蕭何與典獄長曹參商量。

秦朝官制，一個縣只有一個官，萬戶以上的縣是「縣令」，不滿萬戶的是「縣官」，其餘的都是吏，掌管文書的「縣丞」與掌管治安的「縣尉」只能算是「長吏」。

官是中央政府指派的，往往搞不清楚地方上的狀況，吏則由當地人充任，熟悉此處的風俗人情與各種利害關係，所以在許多事情上，官都得聽吏的。

蕭何這「主吏功曹」是吏員的頭兒，他思考了一番之後，建議縣令：「你是秦朝所派的官員，你若造反，縣民不一定會聽你的，不如把流亡在外的劉老三找回來，讓他來號令縣民。」

蕭何為何會做出這個建議？真是個難解的謎。

建立漢朝之後，劉邦論功行賞，蕭何功居第一，我看這便是最重要的首功。

劉邦一直是蕭何的下屬，蕭何則一直對他很不錯，但以劉邦當時的狀況而言，怎麼會是蕭何心目中的最佳人選？沛縣有幾個世族大豪王陵、雍齒等人，推薦他們當義軍首領，號召縣民，豈不是更順理成章？

我絕對不會把蕭何當成什麼天機神算或彬彬君子，他是個謀略家、老狐狸，不會看上鋒芒太露、本身實力太強的人，他會這麼想：如果讓王陵、雍齒當上了義軍領袖，沛縣縣衙的這幫人以後還有什麼好混的呢？

那麼，蕭何為什麼自己不當領袖？他會這麼想：萬一起義不成功，秦軍殺來追究匪首，那當然是劉老三而不是他自己，就好像台灣的許多工程公司，都會找個人頭掛名董事長，萬一被調查局查到賄賂官員等等的情事，自有人頭董事長去頂罪，真正的大老闆仍可逍遙法外。

在這種混亂的情勢下，只有大家認為比較好控制的人才能出頭，後來的漢文帝、漢宣帝之所以能夠脫穎而出，都出於類似的狀況。

劉邦外表看來膚淺幼稚、大而化之，只會嘴上亂罵人，不懂得用腦，蕭何自以為早已把他從裡到外摸得一清二楚，將來一定可以玩弄他於股掌之上，哪知這傢伙的能耐遠遠超乎他的想像！

5

縣令派了劉邦的連襟樊噲去芒碭山請他「出山」，然而縣令想了幾天，覺得這種無賴惡棍實在太不可靠，便又改變心思，關閉了城門，還想把出餿主意的蕭何、曹參殺掉。

蕭、曹兩人逃到城外，劉邦正好帶著他的狐群狗黨來了，射箭入城，鼓動縣民造反。

縣令立刻被殺，劉邦入城，受到百姓的歡迎，劉老三自此成了劉老大！

按照從前楚國的官制，大夫多封為縣公，蕭何便建議大家尊稱劉邦為「沛公」，大家也都欣然同意。

劉邦不是笨蛋，應該早就看穿了蕭何的心思。「好啊，你把我當成笨豬，我就跟你來個扮豬吃老虎！」

或許就在此時他才稍微有點意識到，這個無情的世界居然幫他開了一扇窗，他從窗縫窺望出去，居然看到了廣闊天空的一角！

6

劉邦帶著那幫沛縣縣衙的同事與沛縣子弟開始轉戰四方。這群烏合之眾哪會打仗？打下了這裡又失掉了那裡，始終搞不出什麼名堂。

劉邦自己卻非全無收穫，因為就在此時他遇見了一個名叫張良的人。現今許多影視作品、小說漫畫甚至電玩遊戲，都把張良塑造成一個奶油小鮮肉，實在欠學。

張良的祖父張開地與父親張平曾經當過先後五代韓王的丞相，西元前二五

○年，父親張平去世，就算他是張平的遺腹子，現在也已經四十二歲了，何況他還有個弟弟，所以他不可能是張平死後才出生的，以此推算，他最少也該在四十五歲以上。

韓國滅亡後，他一心要報亡國之恨，雇請力士在博浪沙行刺始皇帝，可惜未能成功，始皇帝為此大搜天下，他只得隱姓埋名，四處躲藏，最後投靠到劉邦麾下。

劉邦起初並沒看重他，派他做「廄將」，管理馬匹，後來慢慢發現這個小老頭兒的肚子裡竟有幾分貨。

張良自稱有個「黃石公」賜給他《太公兵法》，這應是鬼扯、騙騙外行人的。秦始皇於西元前二一三年頒布禁書令，除了醫藥、卜筮、種樹的書之外，一概上繳官府燒毀。張良這本姜子牙的兵法應是藏在家中未上繳的禁書。

劉邦從張良那兒學到了兵法，終於懂得了戰爭的原理。

7

另一支義軍首領項梁邀集各路英雄在薛縣會合議事。這項梁倒沒什麼，但他那姪兒可厲害了，就是大名鼎鼎的項羽。劉邦的實力在各路義軍當中不大不小，也率眾赴會。

我常想像，劉邦那一幫子人與項羽那一幫子人初次見面的情景，一定挺好玩的。

項羽這時只有二十四歲，正好比劉邦小了一半。他手下的將領也都是些二十餘歲的年輕小夥子，龍且、鍾離昧、季布、項聲、項莊、桓楚、呂馬童……曾經擊潰周文西征軍的囚徒勇將英布，也成了項羽的左右手。

劉邦這邊咧，蕭何、張良、盧綰、夏侯嬰、劉賈……都已五十左右，看起來較為粗壯的曹參、樊噲、周勃、灌嬰等人的年紀也都不小了。

一群老頭兒對上了一群年輕人，有什麼好講的？劉邦卻真有他的一套，沒多久就跟項羽稱兄道弟起來，他「阿沙力」的人格特質展現無遺，在這種時

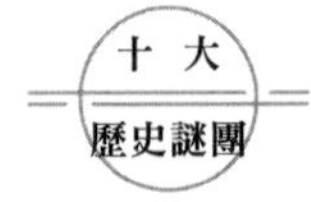

代還真管用。

項梁知道自己的名分不足以服眾，便不知從哪兒找來了個替人牧羊的熊心，聲稱他是「楚懷王」的孫子，擁立他為楚王。

楚懷王是楚國倒數第六任國君，在他任內，楚國由盛轉衰，最後還被秦國劫持，扣留在秦國當人質，三年後抑鬱而終。

項梁等人擁立熊心，竟尊他為楚懷王。以祖父的謚號做為孫兒的王號，可真是千古奇譚，可見那時起義的都是些老粗，腦中沒什麼禮制可言。

這熊心又是一個經常被誤解的人物，許多通俗作品都把他描繪成一個怯生生的小孩，主要因為有些書上寫他是個「牧羊兒」，其實這「兒」字指的不是年紀，而有輕賤蔑視之意，意指「牧羊的傢伙」。

我們這樣來推算，真正的楚懷王在九十三年前便已去世，生命中的最後三年都被軟禁在秦國，鬱悶得很，不太可能繁衍後代，所以他最小的兒子活到現在應該一百歲左右，這個一百歲的兒子所生下的孫子，會有多大？最起碼也該有七、八十歲了吧？

不管項梁找來的熊心是否真是楚懷王的後代，反正不可能是個小孩子，否則楚國的這些人都太沒常識了。

8

最能了解熊心真正處境的應是劉邦，因為起事之初，他也曾被當成「豬」。兩個老頭兒私底下把酒談心，應有同病相憐之感。

各路義軍聯合之後，楚國的勢力變得最為強大，想要西征咸陽，熊心跟諸將約定，先入關中者為王。熊心很顯然的偏愛劉邦，不選能征慣戰的項羽，卻選中了劉邦，還派了許多兵給他，理由是劉邦有「長者之風」。

劉邦當然年長，而熊心與身邊的權臣可能陷入了跟蕭何一樣的思考模式，認為劉邦好控制，項羽則否。

上一篇已說過劉邦進攻關中的過程，倒是項羽的「鉅鹿之戰」值得一提。

項羽沒被派去進攻咸陽，心裡一定很不爽，這時，章邯攻擊趙國，趙王躲入鉅鹿城，被王離統率的邊防軍團團包圍。

邊防大將蒙恬被二世胡亥賜死後，強大的邊防軍便由王離掌管，他們的主要任務是防範長城外的匈奴，這還是第一次奉派戡定內亂。

楚國派兵救援趙國，項羽在幾經波折之後，取得了楚軍的指揮權，率軍直逼鉅鹿。

《史記》記載此戰頗有小說筆法，把項羽的威風寫得淋漓盡致。楚軍以一當十，殺得秦軍大敗，其他的各路義軍只敢作壁上觀，被楚軍的勇猛嚇得心驚肉跳，戰後他們進入項羽的大營去慶賀，一入轅門便都跪下來用膝蓋行走，不敢抬頭仰視項羽的臉。

本該支援王離的章邯呢？他的會計本色洩漏出來了，他率軍躲在鉅鹿之南，不敢前去解救友軍。

秦始皇的書禁使得那時代的義軍將領普遍缺乏兵法知識，讓章邯僥倖打了幾場勝仗，但在最緊要的關頭，他卻成了無恥窩囊的豬隊友。

後世竟有人評說他是秦朝名將，實在太抬舉他了。

9

項羽攻入關中的事兒就不必再說。

他帶來的各路聯軍有四十萬，劉邦才只有十萬。

項羽本就對劉邦不爽，在大封諸侯的時候，故意貶低他，封他為「漢王」。

這隨隨便便的一封，卻是史上最重要的一次分派！

漢王的封地在「漢中」，只是個鳥都看不上的小小盆地，四不通八不達，劉邦被分到了這裡，心裡一定很「幹」：「林北首先攻入咸陽，怎麼卻搞了個什麼漢王？」

孰料他後來統一了天下，建國之後的國號也就順水推舟的變成了「漢」。

這個當事者不爽、旁觀者莫名其妙的稱謂，竟巨大的影響了後世，下一篇再談。

10

劉邦在漢中盆地沒待多久便暗度陳倉，出柵猛虎一樣的跑出來了。

這時他已有了韓信，又以他阿沙力的個性號召各路諸侯，只要趕走項羽，大家就平分天下。

劉邦的江湖習氣跟項羽的獨霸心態恰是兩個極端，在渾沌未明之際，誰願意讓誰獨霸？

劉邦的結盟策略勝過了項羽的獨裁獨斷，原本居於弱勢的漢軍有資格與楚軍逐鹿中原了。

兩軍先是一陣混戰，而後在滎陽附近相持了三年多。

劉邦為何選在滎陽建立大本營，這又是蕭何的功勞。

當初劉邦率先進入咸陽，麾下將領都忙著掠奪宮殿內的金帛財寶，蕭何卻只顧搜羅丞相府裡的圖籍，因而通曉天下各處的形勢，最重要的是他由此探得了秦國糧倉所在，上一篇說過，秦朝當時的國力仍然很強，存糧很多，糧倉都建在滎陽一帶，當天下大亂的時候，駐守糧倉的地方軍死的死、逃的逃，各路義軍都不知道這些糧倉所在，只有蕭何了然於胸。

部隊要打仗，當然得先吃飽，漢軍占住滎陽，築起通道，把秦朝最大的「敖倉」裡的糧食源源不絕的運入軍營，這也是日後制勝的關鍵之一。

這一幕跟四百多年後的隋朝末年很像。

隋朝跟秦朝頗為類似，很短命，但建設很多，大興城奠立了日後大唐長安驚豔全世界的基礎，京杭大運河更讓後人受惠了千餘年，除此之外還修建馳道，建立了六大糧倉。

隋末天下大亂，義軍首領之一「瓦崗寨」的李密占領了其中最大的「洛口倉」，也正在滎陽附近。

這米倉東西長達一千一百四十公尺，南北三百五十五公尺，共有三千個地窖，可存糧兩千四百萬擔。

李密心知此乃稱雄的資本，便大方的開倉放糧，賑濟饑民，但他毫無管制措施，隨便大家亂拿。有那貪心的，拿了許多又挑不動，顛躓之間把米撒在地下，以至於從倉窖至城門的大路上，積米厚達數寸，為來往的車馬所踐踏；附近的亂民、強盜帶著家屬前來就食，竟有百萬人之多，但他們沒有容器，用竹筐盛米，撒得到處都是，弄得洛水兩岸好像白沙灘一般。

真是嚇死人的米倉！

李密藉此稱霸一方，兵力達到幾十萬。可惜，一個吃得太飽的人，總會欠缺一點進取心，唐太宗李世民評論他「顧戀倉粟，未遑遠略」，最後落了個不得善終的下場。

11

滎陽的陣地戰也許可以比擬成第一次世界大戰德、法邊境的陣地戰。

楚漢雙方都建造了強固的壕溝、通道，堅守陣地，寸土不讓。

現代人也許無法想像壕溝陣地戰的殘酷，讀者可以參考德國小說家雷馬克的名著《西線無戰事》，他可是親身經歷過那場血腥的戰役。書中描寫的不是什麼英雄的事蹟，甚至不是戰爭本身，而只是無止境的饑餓、疾病、窒息般的恐懼、絕望的等待、腐臭的氣味、不忍聽聞的呻吟嘶吼，其間還充滿了老鼠、蟑螂、蛆蟲……比野狗都不如的生活，讓人不寒而慄。

由滎陽、廣武、修武、虎牢關這四角構成的不到一百平方公里的地域，形成了一個宇宙黑洞般的漩渦，把全天下的少年、青年、壯年都捲了進去，熬受非人的磨難。

秦朝本有兩千多萬人口，楚漢爭霸結束，只剩下一千兩百多萬，死去的五分之二泰半是壯丁。

除了戰死、餓死、病死、發瘋而死，還有更殘酷的原因——歷史上的屠城記載就從這時開始。

春秋、戰國時期並未見到屠城的記載。白起的長平之戰坑殺了四十萬趙國降兵，那是殺俘，跟屠城不一樣，屠城是不分軍民，一體統殺。

在楚漢爭霸這段期間，《資治通鑑》共有六次屠城的記錄——秦將司馬尼屠相縣，項羽屠襄城，項羽、劉邦共同屠城陽，劉邦屠潁川，曾是項羽手下的周殷先屠六縣、再屠城父。

六次之中，劉邦參與了兩次。

漢朝建立後，因為匈奴的威脅日益增強，偌大中原的人口卻只有現在台灣的一半，邊防兵力嚴重不足，劉邦因而發出悲鳴：「安得猛士兮守四方？」也不想想自己，從前屠殺了兩個縣，現在卻嫌人手不夠，鬼吼個什麼勁兒啊？

這可算是劉邦最惡劣的事蹟。

12

不得不特別提一下他的另一樁經常惹起爭議的劣蹟。

西元前二〇五年，項羽在齊地與田橫鏖戰不休，劉邦乘虛而入，襲取了項羽的大本營「彭城」，自以為一戰成功，日日置酒高會。

項羽聞訊，帶著三萬精兵兼程趕回，殺得漢軍大敗，死者二十餘萬人。劉邦坐著夏侯嬰駕駛的馬車與數十騎遁去，想到家鄉「沛縣」去接家人，項羽也派兵追來，沛縣大亂，難民四散逃逸，劉邦在路上遇見了自己的女兒和兒子，便載在馬車上。

司馬遷在《史記》的〈項羽本紀〉中這麼記載：「楚騎追漢王，漢王急，推墮孝惠（兒子）魯元（女兒）車下，滕公（夏侯嬰）常下收載之，如是者三，曰：『雖急，不可以驅，奈何棄之』，於是遂得脫（脫出重圍）。」〈夏侯嬰傳〉中則寫道：「漢王急，馬罷（疲）虜在後，常蹶（踢）兩兒欲棄之，嬰常收，竟載之，徐行，面雍樹（兩個小孩一邊一個的抱掛著他的脖子），乃馳，漢王怒行欲斬嬰者十餘，卒得脫。」

這兩段記載可把劉邦描寫得毫無人性、冷酷無情。

後世有許多人認為司馬遷亂寫，一是，既然楚騎緊追在後，劉邦怎麼還有時間把小孩推下馬車三次，夏侯嬰又停車去把他們重新撿回來三次？二是，兩個小孩又不重（女兒大約十一、二歲，兒子只有五、六歲），加起來大概不過三十多公斤，哪怕載不動？

可笑！

有這種看法的人既不懂戰場上的狀況，又不能設身處地。

司馬遷膽子再大，也不敢亂造開國皇帝的謠，他怎會無中生有的信筆亂寫？而且他為什麼要亂寫？他的動機是什麼？就算他不要命的寫了，這記載又怎麼能夠一直保留下來？

司馬遷沒有因為這件事被殺頭，這段記載又完好無缺的流傳後世，只因當時的臣民全都知道這件事，當然也就毋須隱晦、修改。

所以，劉邦真的推兒女下車？

當然是真的。

他真的這麼絕情？

這跟絕不絕情，半點關係都沒有。

解讀這事件的關鍵點在於——劉邦不是在逃命，而是要趕去重整部隊。

有經驗的將領都知道，如果一場戰役打敗了，就必須極其迅速的脫離戰場，再重整旗鼓，《孫子兵法》中說：「退而不可追者，速而不可及也」，就是這個意思。

「兵敗」沒有關係，最怕是「兵潰」，一潰就全盤皆輸；家人離散了沒有關係，要先保住自己的「勢」，自己有勢才有籌碼，自己的勢若沒了，家人更保不住。

後來項羽逮住了劉邦的父親與老婆，卻不敢殺，就是因為劉邦雖敗未潰，「勢」也未失。

「西方兵聖」克勞塞維茨的《戰爭原理》寫道：「攻擊者仍應預計慘敗的可能性，因此，他必須沿著行動路線，建立堅強據點，準備於軍隊被擊敗時，做退守之計」、「不幸戰敗時，亦可占領既設防的地點，以掩護我軍退卻」。

這時的劉邦已身經百戰，又學過張良傳授的「太公兵法」，不會不明白這個基本原理，他預計的堅強據點在哪裡？

呂后的哥哥呂澤沒有參與劉邦在「彭城」的荒唐酒會，而屯兵於西方七、八十公里的「下邑」，劉邦就是要趕去這個據點，撫輯敗兵、穩住陣腳、重建戰線，這才是他的當務之急。

總之，他不是在逃命，而是要準備打下一場硬仗，試想，如果你要上戰場，會把小孩子帶在身邊嗎？不但自己累贅，小孩反而更加危險。

純就記載來看，「楚騎追漢王，漢王急」，這「急」到底有多急？

在軍事上，敵軍前鋒來至三十里外就算是情況緊急，如果逼得再近，就不是「急」而是「危殆」了。

所以這「急」，絕對不可能是楚騎已經追到了劉邦馬車的車屁股後面，若真如此，騎兵比馬車快得多，不管你停不停下來丟小孩、接小孩，反正肯定已經是敵人的甕中之鱉。

再者，《史記》也寫得很清楚，「馬罷」就是馬已累了，事起倉促，馬匹當然沒有得到充分的準備與休息；況且馬車又不是汽車，一根稻草都能壓垮一匹駱駝，更別提兩個三十多公斤的小孩。

真實的情況應該是：孝惠帝劉盈與姐姐魯元公主在沛縣的大亂中與祖父劉太公、母親呂雉失散了，但兩個小孩不可能孤孤單單的站在路邊，又正好被劉邦碰到，哪會這麼湊巧？

所以他倆應該是跟著沛縣的百姓一起逃難，劉邦乘著馬車經過時，百姓連忙攔住並告訴他，他的小孩雜在難民群裡。

這兩個小孩一直留在家鄉，從未坐過具有高級身分的人才能乘坐的馬車（從前他們的老爸只是個亭長，恐怕連騎驢子的資格都沒有），現在既有這機會，想必興奮不已的往車上爬，但小孩身材矮小，需由夏侯嬰抱著才能上車。

劉邦心想：「馬已累了，而且我要趕去重整軍隊，帶著他們兩個幹什麼？不如讓他倆跟著沛縣的父老反而穩妥。」

他不讓小孩上車，伸腳阻擋，成就了日後「踹小孩下車」的惡名；小孩當然不依，還想藉著夏侯嬰往車上爬，劉邦阻擋了他們三次，更加重了他的罪行。

夏侯嬰的想法則是：馬還有點力氣，而且楚軍離得還遠，沒關係，「竟載之徐行。」

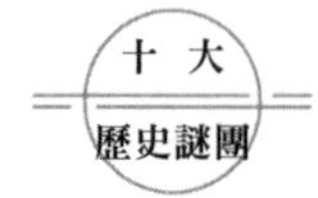

「徐行」就是慢慢的往前行駛，可見當時的情況不但不危殆，甚至也不緊急，夏侯嬰說不定還哼著小調呢，然而終究不能帶著小孩上戰場，「而致孝惠、魯元於豐」，就是先把兩個小孩安置在「豐縣」，再趕去「下邑」，可能因此繞了點遠路，貽誤軍機，所以劉邦氣得想殺他。

劉邦與呂澤會合後，「稍稍收其士卒」，然後轉進到虞城，可見他預先安排的據點還不只一個，派出說客去遊說「九江王」英布，再率軍退至滎陽重整陣線，「諸敗軍皆會」，蕭何又從關中派了些援兵過來，「漢軍復大振」。從四月的「大敗」到五月的「大振」，沒超過一個月，其間的種種軍事部署絲毫不紊，這豈是一個只顧逃命的人能夠做到的？

最為關鍵的就是劉邦兵敗後的舉措，速度快得如同迅雷閃電，讓項羽捉摸不著，真正掌握了「敗而不潰」的精髓，這絕對是戰史上最值得注意的範例之一。

《孫子兵法》又說：「百戰百勝，非善之善者也」，「知彼知己，百戰不殆」才是真本領。

項羽是百戰百勝的代表人，但是打到第一百零一戰，一戰而潰，連命都沒了；劉邦的長處則是「百戰不殆」，不殆不是「不會有危險」，戰爭哪會沒有危險？「不殆」的意思是「勝不懈怠，敗不潰散」，再勝一百場也不會放鬆，再敗一百場也傷不了根本。

劉邦若看到後人的評論，一定放聲狂笑：「林北」就有本領敗而不潰，你們能拿「林北」怎麼樣？你們還怪「林北」推小孩下車，懂不懂事兒呀？

司馬遷則會大怒：這種事兒老夫豈敢亂寫？真是一群腦殘智障！

13

《史記》犯的錯誤不少，最顯著的就是稱呼劉邦為「漢高祖」，兩千多年下來，讓後人傻傻搞不清楚。

皇帝的廟號與謚號是兩碼子事。對於國家有大功的皇帝，死後在太廟中被供奉時的名號是為廟號，有值得子孫永世祭祀之意。

謚號則是諸侯、大臣、后妃，甚至僧道都能擁有，後人依其功過與品德修養，以號寓評。

唐朝以前的各朝各代對於廟號的給予十分慎重，一個朝代頂多只有四個皇帝有廟號，所以後人對於皇帝的稱呼都用謚號，漢文帝、晉惠帝、梁武帝之類。

從唐朝開始，每個皇帝都有廟號，所以稱呼就改成了廟號，唐太宗、宋太祖、明武宗之類。

劉邦的謚號為「高帝」，廟號是「太祖」，所以稱呼劉邦為「漢高帝」或「漢太祖」都行，「漢高祖」就不知所云了。

但既然《史記》這麼寫，往後的史書也全都如此沿用下去，班固作《漢書》，只把卷名改成了高帝，目錄與內文卻仍是高祖，反正只是個稱呼，後人也別太計較。

如果是我，我會稱他為「漢神祖」，因為他實在太神了！

這個大半輩子渾渾噩噩、一無是處的傢伙，在生命的最後階段竟一飛沖天，到達史上空前絕後的最高峰。他到底有什麼人格魅力，能讓大家相信他、聽從他、追隨他？這絕對是我心裡的謎中之謎。

我很想知道，當傍晚來臨，他站在長安的未央宮前，會不會懷念懸掛在泗水亭外的那一輪夕陽？

什麼是漢文化？

1

種族、文化、國家、地理名稱是四個完全不同的概念，談論歷史的時候，最怕的就是把這四個概念扯在一起窮攪和，永遠也扯不清爽。

上述概念中所包含的各種名詞更容易使用得不準確，名不正則言不順，越說越像在攪漿糊。

2

歷來最不準確的用詞之一就是「漢」——漢人、漢民族與漢文化。

上一篇提到，漢朝是劉邦建立的。劉邦應該自認為是楚國人，但楚的國號先被項羽占走了，還封了他一個莫名其妙的「漢王」，當他跟項羽相爭之時，如果再用楚當國號，可不成了楚楚爭霸，像什麼話？

所以，這個他不喜歡的「漢」字，就跟一個討厭的牛皮糖般的黏在他身上了，即使在建國之後也不得不用，我想劉邦心中不無遺憾。

漢朝初創的時候，等於是把沛縣的縣衙與大街搬入了中央政府，蕭何、曹參都是衙中的老長官，夏侯嬰是沛縣的公務車司機，任敖、審食其是獄卒；周勃在沛縣的葬儀社吹簫，擅長的曲目大約不外「孝女白琴」之類；樊噲開了閒史上最著名的狗肉店，盧綰是跟劉邦同年同月同日生、從小一起長大的鄰居，奚涓應是跟著劉邦在大街上打混的兄弟伙兒，再加上劉家班、呂家班的人，根本是沛縣同鄉會。

由此可以推斷，長安城內的官話勢必是沛縣的土話，中央政府的語言行為、風俗習慣、飲食習慣等等，都是楚國的那一套，所謂的漢文化根本就是楚文化。

楚國在整個周朝時代都被視為蠻夷，中原各國不屑與其為伍，結果這群蠻夷竟一統了天下，蠻夷的文化也成了中原文化的主流，尤其「漢」這個名稱居然就一直黏在整個中原族群之上，直至今日。

追究其來源，就來自於當時連狗都懶得聞的漢中盆地。雖說漢中盆地的得名是因為漢水，但劉邦的「漢王」還是因為他被項羽封在了漢中盆地，所以說，這漢中盆地應該比黃帝陵還重要。

漢朝以前的中原人如果知道自己竟被後世子孫歸類為「漢族」，肯定摸不著頭腦，「漢族」？什麼東西啊？

但要說劉邦這幫子人深受楚文化的薰陶，恐怕也不太對。上一篇說到劉邦的老家「沛縣」是在西元前二六一年才被楚國併吞，劉邦與手下的這群老頭兒大約出生於西元前二五〇年左右，他們能夠受到多少楚文化的影響？

這群大老粗如果有文化可言，也應是楚、吳、魯、越的綜合體，無以名之，只能稱之為「雜楚」文化。

3

地理名詞與國家的概念比較固定，種族與文化則會不停的變動。

沒有純種到底的種族——除了與世隔絕的荒島上的野人之外。如今的漢人（名稱若用得準確一點該是楚人），有誰搞得清楚自己的血統究竟源自於哪裡？鮮卑？百越？匈奴？蒙古？

歷史學者考證，「開漳聖王」陳元光的母親萬太夫人為吐萬氏，乃鮮卑族人。鮮卑族起源於西伯利亞。西伯利亞的種族血統竟然一直傳到了漳州，再傳到台灣，形成「陳林半天下」。

至於把漢當成民族的統稱，要遲至民國建立，喊出了「漢滿蒙回藏五族共和」的口號之後。

4

沒有一成不變的文化——除了與世隔絕的荒島上的野人之外。

大家應該很熟悉一種論調，漢文化好像是一個封閉的、自給自足的體系，偶有外來的影響最後都被「容納」成為這文化的一部分。我用「容納」一詞算是客氣的，這種論調的基本心態是「收容」，就像收容難民一樣，堂堂漢文化的本體絲毫沒有受到影響。從小老師不就是這樣教育我們的嗎？

事實是，如今的漢文化別說跟商周、春秋時期的中原文化已天差地別，就算跟漢朝時的「雜楚」文化也大相逕庭了。

別說的太複雜，僅只佛教傳入，就對漢文化產生了巨大無比的衝擊。魏晉以後，幾乎每個人的生命中都帶上了點佛教的色彩，直到如今，有誰敢說自己的思想體系裡面沒有一點佛教的影子？

5

漢字當然不是漢朝才有的。

魯迅曾說：「漢字不滅，中國必亡。」

那是最沒有自信的時代，這種看法不免偏激。

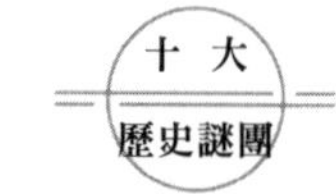

我認為，漢字若滅，中國這片區域恐怕早在三國時代或南北朝時就分裂成幾十個國家了。

我們從歐洲的情況來觀察，歐洲本來應該是一個國家，但他們使用拼音文字，文字會隨著語言而調整，本來各個地區的語言口音都不太一樣，千年下來，差異更大，文字也就越離越遠。

台灣泰雅族的朋友告訴我，本來同一個部落的人，之後有一部分搬到了小溪對岸，不用幾十年，口音就變得不一樣了，「聽都聽不懂」。

住在大陸千島湖的朋友也說，每翻過一個山頭，口音就不一樣，「聽都聽不懂」。

既然聽都聽不懂，由拼音原理寫出來的文字當然也就看不懂；既然語言不同，文字也不同，還會是同一個國家嗎？

在中國這塊區域裡，少說也有幾百種方言，如果使用拼音文字，早就跟歐洲一樣四分五裂了。

漢字的優點在於，不管你說的是什麼話，反正字都一樣，聽不懂就用寫的，用看的總看懂了唄？

「漢字」挺厲害的，是中國這塊地區分分合合多次之後，仍然能夠長久維持統一的最重要因素。

劉備是什麼樣的人？

1

被損得最慘的歷史人物，劉備當名列前茅。

大家對於劉備的刻板印象不外：老打敗仗、愛哭鬼、有點窩囊、妻兒老是被敵人擄走、身上帶有霉運，投靠誰誰倒楣、仁慈寬厚，愛民如子……等等。這些印象來自於《三國演義》與多齣京劇。小時候看戲，總看見劉備把臉貼上大袖子上，「啊～～啊～～啊」的哭，看得都快煩死了。

三國英雄輩出，這個愛哭鬼雜在裡頭攪和些什麼？

長大後，多讀些史料，再仔細研究劉備的成長背景，才發現這傢伙一點都不簡單。

首先，劉備自稱「中山靖王」之後。

中山靖王名叫劉勝，是漢景帝的第九個兒子、漢武帝的異母兄。西元前一五四年，漢景帝封他為「中山王」，他死後的諡號為「靖」，才被後世稱為中山靖王。

很多人認為劉備滿口胡說，亂攀關係，他只是個賣草蓆、草鞋的，怎會是皇室子孫？

家有家譜，族有族譜，皇室當然也有嚴格的譜牒記錄，秦漢時九卿之一的「宗正」，就是專門管理皇族事務，每一個皇子皇孫都要建檔，豈容亂來？

那麼劉備少年時為什麼會賣草鞋、織草蓆維生呢？

我們這樣來觀察：

西元前一五四年劉勝被封中山王，大約十歲左右，應該可以在西元前一四六年開始繁衍後代，劉備於西元後一六一年出生，相隔了三百零七年。

古人成婚早、生子早，三百零七年，最少可繁衍十二代。

《史記》、《漢書》都記載劉勝「為人樂酒好內，有子百二十餘人」，他胸無大志，只做愛做的事，生了一百二十多個兒子，應不包括女兒。

我們就拿一百二十個兒子來計算，如果他每一代的每一個子孫都只生三個兒子，到了第十二代會有多少？

答案是：兩千一百二十五萬七千六百四十人，跟台灣現在的人口差不多。這是最理想的狀況，扣除掉天災、人禍、夭折、不婚不孕不育種種原因，數量之龐大仍很驚人。

西漢時，王爺的大老婆稱王后，她生的兒子為嫡系，小老婆們的兒子都是庶系。能夠承襲王爵、俸祿的只有嫡長子一人，其他的嫡系子孫傳了幾代之後就可能家境不佳，更別提庶出的了。

後來漢武帝頒布「推恩令」，規定除了嫡長子可以繼承王位之外，其餘諸子也可在原封國內列侯，地位相當於一個縣，直接由各郡管理，這是變相的削藩，導致諸侯國越來越小，「大國不過十餘城，小侯不過十餘里」。

「中山國」本來就比台灣還小，再這麼一分封，都變成了巴掌大的地區，資源自然很有限，除了劉氏子孫之外，還有當地的土著百姓，哪有可能人人富足。

而且推恩令規定能夠封侯的「諸子」是指嫡系，享受不到前人餘蔭的庶系子孫，就算家徒四壁也不足為奇。

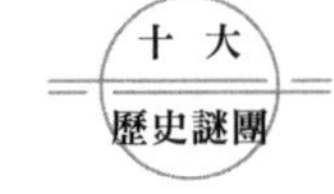

總之，劉備的身世不太可能造假，「販履織蓆」維生也並不離譜。

2

以上這些不是重點，重點在於劉備的祖宗是「中山王」，也就是「中山國」之王。

中山國在哪裡？是個什麼樣的國家？

中山國是由北狄的鮮虞族建立的，原本的根據地在河北省的太行山一帶，後來逐漸擴張，西元前五〇六年，也就是春秋時代末期，在今日「北京」西南一百五十公里左右的「石家莊」附近建國，因首都城中有山，故名「中山」。

中山國人保有祖先的遊牧民族習性，民風強悍，人口雖然不多，但很會打仗，尤其擅長騎馬，當時中原各國的男人都還穿著長裙，連馬背都上不了，只能站在馬車上作戰，既不機動又不迅捷，僅只迴轉半徑就差了許多，正如貨櫃車對戰超級跑車，不是被人追在屁股後面打，就是眼巴巴的望著對方絕塵而去。

從春秋末期直至戰國，中山國「錯處六國之間，縱橫捭闔，交相控引，爭衡天下」，一直是其他國家的眼中釘。

鄰近的趙國最受威脅，只得進行戰術改革，提倡「胡服騎射」，也就是拋棄長裙，改穿褲子，爬上馬背，跟遊牧民族一般作戰，終於在西元前二九六年消滅了中山國。

國雖滅，族人尚存，他們的習俗與技能也必定仍保存在後代的血液裡。我們要知道，擅長馬戰的民族不光只是會騎馬打仗而已，如何馴馬、養馬、相馬、挑選馬種，才是更大的學問。

好了，劉備出生在這種環境，耳濡目染，很有可能使他成為一個馬戰專家，起碼比當時大多數中原人要強。

這一點，他就跟他的老祖宗很不一樣，前面說過，劉邦不會騎馬，當然不是因為遺傳基因有變，而是成長環境不同。話說回來，就算劉備冒充皇室子

孫，也不會改變他是馬術高手這一事實。

《三國志》的〈先主傳〉記載他「垂手下膝」，即是說他手臂很長，垂下來會超過膝蓋，活像一隻長臂猿猴。每當我讀到這裡，腦中立刻浮起的相關成語便是「猿臂善射」，自古以來，多少神箭手都是猿臂，所以劉備說不定也有百步穿楊的本領。

他「好結交豪俠，年少爭附之，中山大商張世平、蘇雙等，貲累千金，販馬周旋於涿郡，見而異之，乃多與之金財，先主由是得用合徒眾」。

這段記載是說，張世平、蘇雙等馬販子資助他，他才有資本糾合豪俠少年，組成了一支地方武力。

這些馬販子是中山大商，可見中山這地區一直都在產馬、販馬，他們為何會對劉備「見而異之」，當然因為劉備是這方面的專家。

劉備有了基本武力之後，舉義兵討「黃巾賊」，因功而當上了安喜縣的縣尉，職務是追捕盜賊，等於現在的縣級警察局長。

我們可以想像，劉備這種「不甚樂讀書，喜狗馬音樂，美衣服」的傢伙，豈會恪盡職守？

我猜他每天上班就是蹺著二郎腿，跟部屬們閒聊天、瞎打屁，好在那時沒有音響設備，否則整個警察局都會淹沒在搖滾樂裡，聽夠了音樂，就騎著愛馬、帶著愛犬外出打獵。

待辦的公事？就讓它們繼續待辦下去吧。

黃巾亂平後，各地充斥著憑藉軍功升官的地方官員，其中頗多劉備這等狗屁倒灶之人，東漢朝廷實在看不下去，下令裁員，各郡派出「督郵」考察下級地方官員是否稱職。

督郵來了，劉備有自知之明，曉得自己必在裁汰之列，急忙跑到督郵住宿的「傳舍」（縣立接待所）投刺請見，督郵卻假裝生病，不見他。

劉備火了，把那督郵揪出來綁在大樹上，抽了兩百鞭，再把官印掛在督郵的脖子上，老子不幹啦！拍拍屁股揚長而去。

《三國演義》把這件事情栽在張飛頭上，硬要把劉備塑造成一個仁厚長者，犯了自古文人最愛犯的毛病，他們把自己心目中嚮往崇拜的形象投射在

帝王將相的身上，於是所有的英雄豪傑、無賴流氓都化身為迂腐酸臭的文士，連劉邦那種看見別人頭上戴著儒冠就一把抓下來往裡頭撒尿的粗漢都變成了寬厚仁慈的長者，簡直讓人啼笑皆非。

後來，劉備又因戰功，當上高唐縣令，卻打了生平第一場敗仗，「為賊所破」，只得投奔公孫瓚。

這公孫瓚是何方神聖？

他是遼西人，少年時跟隨曾任九江太守的盧植讀經，劉備也在盧植門下，所以他倆算是大學同學。

後來公孫瓚官拜「遼東屬國」長史，也就是幕僚長，跟那兒的遊牧民族「烏丸」部落建立了交情，然後又遷為「涿州」令。涼州賊起，因他本就跟烏丸有交情，朝廷徵發烏丸突騎三千人交給他率領。亂平後，因功升為「騎都尉」（騎兵隊長）。

從他的經歷可以看出他是個鎮日與馬為伍的戰將，他的手下全都是騎術精湛的勇士，有漢有胡。

劉備投奔他之後，「自有兵千餘人及幽州烏丸雜胡騎」，從這記載可以看出，劉備自己有兵千餘，而烏丸雜胡騎一定是公孫瓚撥給他的。

到底什麼是烏丸雜胡騎？

「烏丸」亦稱烏桓，屬於東胡的一支，本來一直受到匈奴的壓迫，遷居到大興安嶺一帶，匈奴衰弱後，東漢朝廷讓他們駐牧於「遼東屬國」；他們人數不多，雜胡的意思就是小胡、部落胡。

經過百多年的休養生息、培養馬種，「三郡烏丸遂為天下名騎」。遊牧民族桀驁難馴，劉備若沒有真本領，怎能帶得動這些「天下名騎」？

劉備靠著這支基本部隊，轉戰四方，雖然沒有吃很多敗仗，但終歸一事無成，常常連妻兒都保不住，他的「倒楣鬼」的形象大約就是在此時建立的。

究其原因，該是這支部隊的人數太少，而不是不能打仗。

之後他又投奔曹操。

《三國演義》與民間傳說、戲曲都忽略了一點，曹操也很會訓練騎兵。

《三國志》記載曹操麾下有一支「虎豹騎」，由曹操的堂弟曹純統領。

這隊虎豹騎可厲害了，在「南皮」擊斬袁紹的大兒子袁譚；又在白狼山擊潰了「天下名騎」，陣斬烏丸王「蹋頓」，曹操高興得在馬上跳舞。

曹操之所以器重劉備，說出「天下英雄唯使君與操耳」的傳世名言，或許因為劉備乃騎將中的佼佼者。

劉備跟曹操鬧翻之後又投靠荊州劉表，劉表讓他駐紮新野。

新野位於南陽盆地，平川千里，非常適合牧馬與騎兵作戰，荊州的治所在襄陽，新野正是其北方的屏藩，曹操若南下，首先就得對付劉備的騎兵隊。

司馬彪的《九州春秋》記載：劉備在荊州住了八年，很是閒散，一次與劉表會面，談到一半，劉備起身去上廁所，回來之後卻目中含淚。

劉表怪問何事？

劉備答說：「吾常身不離鞍，髀肉皆消，今不復騎，髀裡肉生，日月若馳，老將至矣，而功業不建，是以悲耳。」

原來他去拉屎，蹲在茅坑上的時候發現自己的大腿肥得要命，想起自己多年來都騎在馬背上，大腿從來不會長肥肉，但這八年很少騎馬，弄得大腿如同歐巴桑，卻又沒有建功立業，所以感慨叢生。

可見劉備大半輩子都跟馬有關，都在馬背上討生活。

經常騎馬的人會變成O形腿，所以我心目中的劉備外貌是這等模樣：兩條長手臂，一雙O形腿，簡而言之，就是一隻大狒狒。

他善騎神射，好像美國電影裡的西部牛仔，個性任俠使氣，不受禮法約束，「不甚樂讀書，喜狗馬音樂，美衣服」，頗有他老祖宗劉邦的遺風。

值得注意的是，劉邦、劉備都愛打扮自己，喜穿名牌服飾，跟現代的某種人很類似——不是大騙子就是大人物，或者應該這麼說，騙得高明就成了大人物。

我從這一點反躬自省，身為作家，習慣了一身邋遢，怪不得潦倒終身。

再閒話一句，根據十九世紀義大利犯罪學家、刑事人類學派創始人切薩雷·龍布羅梭的研究，「天生型罪犯」的生理特徵包括了不同尋常的耳朵與特別長的手臂，史書記載劉備看得見自己的耳朵，又有一雙長手臂，頗有這類型罪犯的潛質，但在那個殺人如麻的時代，這種天生型的罪犯卻似如魚得水，殺人殺得再多也不會被判刑。

3

再看看劉備的幾個好兄弟。

張飛，涿郡人，出生地跟劉備一樣，應也是馬術高手無疑。

《三國志》沒有記載他的長相，經由《三國演義》、戲曲、民間傳說，都把他塑造成一個通俗戲劇中所謂的「大砲甘草型」的人物，面如焦炭、滿臉虬髯、豪爽粗魯、糊塗莽撞、好酒貪杯、總鬧笑話，這些當然都是亂掰。

張飛真是這樣的人嗎？

正史裡沒有記載他做出任何一件蠢事，後人的筆記卻寫了不少有關他的逸聞，都說他書法很好，而且還很會畫美女。

南北朝時，茅山道派的創始人陶弘景的《古今刀劍錄》裡提到，張飛初拜新亭侯，命工匠鑄了一把刀，自題銘文「新亭侯，蜀大將也」，如果他寫的字不佳，怎敢鐫刻在刀上？

元代大畫家吳鎮寫過一首〈張益德祠〉的詩：「關侯諷左氏，車騎更工書，文武趣雖別，古人嘗有餘。橫矛思腕力，繇象恐難如。」關羽愛讀《左氏春秋》；張飛曾官拜車騎將軍，「車騎更工書」指的是張飛的書法造詣很高；「橫矛思腕力」，寫字講究腕力，以他在馬上揮舞長矛的腕力，其他的書法名家當然都比不上。

明代曹學佺的《蜀中名勝記》中記載：順慶府渠縣的八濛山下有一大石，石上題有「漢將張飛率精卒萬人大破賊首張郃於八濛，立馬勒銘」兩行隸書大字，這幅〈立馬銘〉筆力蒼勁，氣勢渾猛，傳說是張飛親筆所寫，如今有拓本傳世。

明代的《丹鉛總錄》、《畫髓元詮》，清代的《歷代畫徵錄》都提到張飛的書法與繪畫，決非空穴來風。

文化素養這麼高的人，竟被《三國演義》亂寫成一個粗漢，天理何在？他的長相呢？

近年來在四川簡陽的「張飛營」山上，發現了一尊疑似張飛的石像，白面無鬚，斯文秀氣。

這不能做為憑據，我們還是來看看史書記載，他的大女兒是阿斗劉禪的第一任老婆，也就是「蜀漢國」的第一任皇后，皇后當了四年，不幸病死，繼任的皇后是誰？仍然是張飛的女兒，二女兒。

當然，能從皇帝後宮諸多佳麗中脫穎而出，不一定憑藉美貌，但總得有個樣子吧？如果是個焦炭一樣的東西，會成為皇后嗎？

再一個當然，女兒美，老爸不一定很帥，但應該不會是一塊焦炭。

張飛的文化素養高，女兒的水準絕對不差，這可能是因為張飛出身於富裕

欽定四庫全書　卷二十一

張飛書

涪陵有張飛刁斗銘其文字甚工飛所書也張士環詩云天下英雄只豫州阿瞞不共戴天讎山河割據三分國宇宙威名丈八矛江上祠堂嚴劍珮人間刁斗見銀鉤空餘諸葛秦州表左袒何人復為劉

請急

杜工部偪側行已令請急會通籍黃山谷云晉令急假者五日一急一歲則六十日　晉書車武子早急出謁子敬晝

明楊慎《丹鉛總錄》記載的張飛書法造詣。

之家，幼時接受過完整的教育，馬術、武藝都是中山一帶富家公子行獵時鍛鍊出來的。

所以我心目中的張飛是個白面儒將，有富家子的驕貴之氣，看不起自家的僕從，對外人則謹守禮儀。

劉備告誡他，他喜歡鞭撾健兒，卻又把他們留在左右，「取禍之道」，後來果然如此，被他的隨從割掉了腦袋。

《三國志》裡評論：關羽善待卒伍，而驕於士大夫；張飛敬愛君子，而不恤小人。

張飛對士卒很凶，對文人很好；關羽恰恰相反。結果，後世的文人把關羽捧上了天，卻將張飛弄成了武丑。

唉，文人難搞，此為明證。

•

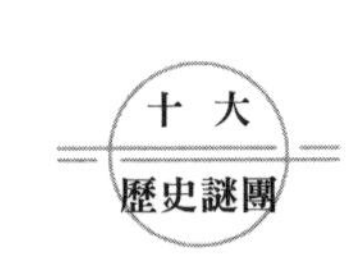

再說白袍白甲、雪馬銀槍、英武挺拔，彷彿永遠都不會老的趙雲。

「常山趙子龍，渾身都是膽」，常山郡更屬於中山國的範圍，幾乎就是當年中山國首都的所在地。

他本是「騎都尉」公孫瓚的手下，當然也是一名驍勇的騎將。

劉備在荊州閒散了八年，劉表病逝，次子劉琮遣使投降曹操。曹操見機不可失，命令曹純率領「虎豹騎」兼程疾進，殺得劉備措手不及，敗退到當陽長坂的時候，身邊只剩幾十騎人馬，連妻兒都失散了。

趙雲最有名的事蹟就是在這危難之際救出了劉備的兒子阿斗。《三國志》對於此事記載得很簡單：「（趙）雲身抱弱子，即後主也；保護甘夫人，即後主母也，皆得免難。」

《三國演義》卻大加發揮，說他三度殺進曹操大軍的陣營，砍倒大旗兩面，奪槊三條，前後槍刺劍砍，殺死曹營名將五十餘員。

到了京劇戲台上，可又變成了七進七出，殺得曹操大軍東倒西歪，活像一堆木頭玩偶。

除此之外，他並沒有顯赫的戰功，在他六十歲之前，幾乎沒有領軍作戰的記錄。

《三國演義》大加渲染的「漢中之戰」，出自頗有疑問的《雲別傳》，《三國志》裡隻字未提。

赤壁之戰以前，趙雲主要的職務是「牙門將軍」，也就是總司令身邊的侍衛長；後期則擔任翊軍將軍、中護軍，皆非獨當一面、陷陣摧鋒的大將。

我心目中的趙子龍，體格魁梧，方面大耳，木訥寡言，忠心耿耿。很抱歉，我沒辦法把他想像得很帥。

- 關羽不是中山國附近的人，他是山西人。

山西古稱「羯室」，除了羯族，亦為許多遊牧民族活動的區域。

民間傳說關羽身長九尺，髯長二尺，面如重棗，丹鳳眼，臥蠶眉。

何謂丹鳳眼？就是眼睛細細長長的，尾端向上揚，此乃蒙古人的特徵。

他曾短暫的投降給曹操，在「官渡之戰」中，袁紹遣大將軍顏良攻劉延於白馬，曹操命令張遼、關羽為先鋒，「羽望見（顏）良麾蓋，策馬刺良於萬眾之中，斬其首還」，可見他騎馬衝鋒的能力非常強，只有那個「刺」字很耐人尋味，容後再談。

我心目中的關雲長，就跟如今廟裡的神像差不多，只是對他的青龍偃月刀頗有意見。

4

寫了這麼多，重點在哪裡？

重點是：劉、關、張、趙這群人組成了一支中原少有的特種部隊。

直到五胡十六國以前，中原會騎馬的人一直不多，擁有優良馬種的人更少。

劉關張趙都是中原人，不同於桀驁難馴的烏丸騎兵，而且首領還有漢室血統，這就說明了，劉備雖然屢戰屢敗，但不管他走到哪裡，仍然受到軍閥歡迎，因為他的這隊人馬在戰場上能夠發揮震懾敵軍的效果，極富侵略性、殺傷力，野戰很管用，城池的攻防戰卻束「馬」無策。他所投靠的地方軍閥打敗了，不完全是他的責任。

《三國演義》說他寬厚仁慈，愛民如子，所以受到各地百姓的尊敬擁護，其實這種百姓愛戴的人物根本是軍閥的眼中釘，必殺之而後快，怎麼還會歡迎他？

劉備在軍閥眼中並不構成威脅，因為他率領的騎兵隊雖然很能打野戰，但人數不會很多，「自有兵千餘人及幽州烏丸雜胡騎」是他最基本的隊伍，日後在中原地區的擴張只能以步兵為主，騎兵的損耗則難填補。

我經常想像，劉備帶著他的小部隊流轉於各地的畫面。

一名騎兵最少要配備四匹馬，作戰時能夠隨時換騎；安營紮寨之後，先照料馬，再安置人。日後橫掃歐亞大陸的蒙古騎兵，甚至明末席捲天下的流寇

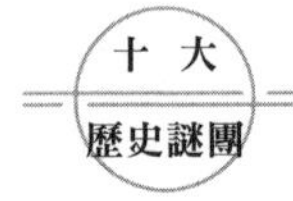

都是如此。

兩千多名騎兵帶著一萬多匹馬，部隊移動時應該頗為壯觀，如今可用電腦特效拍成電影，應是影史上僅見的吧？

5

只會製造麵包車的，當然想擁有製造超級跑車的技術，這就是劉備手中的另一張王牌——他的馬群保有了中山國優良的馬種。

馬種有多重要？

一般談論戰史，只注重人的部分，鮮少談到馬。

唐太宗李世民以「秦王」的身分打天下的時候，與竇建德對峙於虎牢關。竇建德兵多勢眾，逼城而陣，李世民按甲不出，「使召河北馬，待其至乃出戰」，就是說，要等良馬到了才開戰。

這一天從早上七點一直等到中午，河北馬群終於到了，李世民立即下令進攻，竇軍大敗，竇建德也被生擒。

由此看來，在古代的戰陣上，馬比人還重要。

《三國志》記載，東吳嘉禾元年（西元二三二年），孫權派人從海路至遼東，向遼東太守公孫淵求馬。

江南不產馬，東吳的馬應是由孫權的兄長孫策從北方帶回來的馬種，可能因為基數不大，經過了四十年的近親交配，品種自然越來越差。

東吳的「選曹尚書」陸瑁曾上疏直言，交好公孫淵是為了「赴目前之急，除腹心之疾」。

目前之急、腹心之疾，說得多麼嚴重！顯然東吳已陷入了「斷馬」的危機，只得向公孫淵求馬借種。

豈料這公孫淵是個投機分子，他本想聯吳制魏（此時曹操、曹丕已死，由孫兒曹叡當家），後來又嫌東吳遠水救不了近火，竟殺了孫權派來封他為「燕王」的使者，反而向曹魏稱臣，連馬也沒給。

孫權大怒，要跟公孫淵開戰。

東吳在江南，遼東在東北，曹魏橫在中間，東吳若想發動攻擊，只能經由海路。

在航海技術尚未成熟的時代，這是何等破天荒的軍事決定！

東吳的大臣紛紛反對，曾經火燒連營六百里、大破蜀軍的名將陸遜諫說：「今乃遠惜遼東眾之與馬，奈何獨欲捐江東萬安之本業而不惜乎？」

說穿了，就是孫權覬覦遼東的馬種，竟想傾全國之力去搶奪。

此戰未成，有點可惜，否則有可能是人類歷史上第一次大規模的跨海登陸戰。

劉備既有優良的馬種，又不像公孫淵那麼沒品，自然成為各方軍閥拉攏的對象。手中擁有一萬多輛超跑的經銷商，能不受歡迎麼？

然而劉備幾經流離顛沛，就算他的馬群基數再大，終也逃不過近親繁殖的惡果，在他進入四川、建立蜀漢之後，馬的品種勢必也日漸衰頹。

還好，這時加入了一批生力軍——馬超。

馬超的祖母是羌族人，父親馬騰是隴西一帶的小軍閥，他當然也是馬戰高手，手下的羌、氐騎士驍勇異常。

他曾跟曹操在潼關大戰，殺得曹操差點淹死在臨濟河裡，後來還虧「虎豹騎」才扭轉了整個形勢。

馬超敗退到漢中盆地，受到張魯部下的排擠，只得又退到蜀地投靠劉備。劉備大喜，立刻封他為平西將軍、都亭侯，其實他並未替蜀國立下什麼戰功，劉備怎麼會對他如此看重？

依我之見，劉備著意籠絡他，多少是因為他帶來了隴西的馬種。

6

說了一大堆騎兵、馬種的重要，他（牠）們真的是戰場上的主宰嗎？

人類能夠騎在馬背上作戰，有好幾個進程，首先是馴馬，繁複的過程就不提了。馬這種動物比狗難訓練，比貓好得多，而且馬是不會跳的，遇到障礙物會緊急煞停，把背上東西甩到九霄雲外，只有少數的馬經過訓練之後才能跳躍。

馬馴了，人類跨騎上赤裸裸的馬背，用雙手抓住馬鬃，雙腿必得夾緊馬腹，這是難度極高的動作，就像夾住一個圓圓的滾桶，一旦奔跑起來，顛簸滑溜的程度超乎想像，平常人坐在沒有避震器的馬車上都有摔出去的危險，別說騎裸馬了。

這時的騎兵只能用作偵查、斥候、傳信。

不知經過了多少年，有人想到在馬背上鋪一條毛毯，讓騎士安穩了些；再經過許多年，某個天才發明了馬嚼與韁繩，這是人類最聰明的發明之一，不但更加安穩，還能更精準的控制方向。

秦漢時期的騎馬玉佩。
國立故宮博物院典藏

這時的騎兵可以小規模的騷擾敵人，配合大部隊則以搶先到達目的地為主要任務，作戰時還是得下馬變成步兵。

戰國時的兵法名家孫臏說到「用騎十利」：「一曰迎敵始至；二曰乘敵虛背；三曰追散擊亂；四曰迎敵擊後，使敵奔走；五曰遮其糧食，絕其軍道；六曰敗其津關，發其橋梁；七曰掩其不備，卒擊其未整旅；八曰攻其懈怠，出其不意；九曰燒其積聚，虛其市里；十曰掠其田野，係累其子弟，此十者，騎戰利也。」

逐項剖析，就是利用馬匹的速度，進行突襲、掠奪、擾亂、包抄或搶先占領戰略要衝。

漢朝初年，大臣鼂錯在〈言兵事疏〉中說：「下山阪，出入溪澗，中國之馬弗與也；險道傾仄，且馳且射，中國之騎弗與也。」

除了馬種不如，人民的成長環境也不同，遊牧民族是從小就騎在馬背上長大的，從小種田的小孩怎麼比？但大約就在此時，開始有了馬鞍與單馬鐙。

這時的馬鞍是平的，馬鐙則只有一邊，以繩索、皮革製成，方便騎士上下。

馬鞍使得騎士益發穩妥，出身農耕社會的漢朝騎兵終於能夠對抗匈奴驃騎了，騎術熟練者可以一手持韁、一手揮刀，或把長矛夾在腋下衝刺，至於在馬上射箭因為需要放空雙手，奔馳之時應該無法做得準確，必須停下來，並由隨從控制住馬匹的躁動。這隨從就是所謂的馬前卒，唐吉訶德身邊的桑丘。「且馳且射」仍是漢兵無法企及的境界，除了像「飛將軍」李廣那樣生長在塞外、「世世受射」的天才。

到了西晉時期，「高橋馬鞍」出現了，這種馬鞍前突後翹，有若一個船形托架，使得騎士前後都有倚靠，當然也就更加穩固。即便如此，騎兵仍然無法在戰場上產生決定性的作用，主因還是因為騎士不能在馬背上行動自如。

到了東晉年間，又出現了一個重大的發明——雙馬鐙。前些年在南京的東晉瑯琊王氏墓葬群出土了一件陶馬俑，配備著雙馬鐙，大約是西元三二〇年左右的產物。死於西元四五一年的「北燕」貴族馮素弗的墓中則有金屬製成的雙馬鐙實物。

雙馬鐙大約在八世紀傳入歐洲，被稱為「中國靴子」，也改變了歐洲戰場的形態。

英國科技史學家懷特說：「只有極少數的發明這麼簡單，卻在歷史上產生這麼巨大的影響。」

雙馬鐙使得騎士的雙腳都能站穩，而後才能將雙手解放出來「且馳且射」，並使用各種武器進行馬背上的格鬥，後人熟知的騎馬打仗的畫面直到此時才終於成形。

7

之所以會說這麼多，不外要指出，在劉備的時代雙馬鐙還沒發明，騎兵用的是平鞍與單馬鐙，這就牽涉到三國時期的戰將在馬背上所能使用的武器。

漢代的馬戰長兵器以戈、矛、戟為主，到了唐朝以槊為主。槊跟戈、矛差不多，都是刺擊的兵刃。

關羽的大刀，趙雲的馬槍，遲至宋代才出現在《武經總要》裡，除非關羽、趙雲能穿越時空，否則他們的武器從何而來？

前面說過，關羽策馬「刺」顏良於萬眾之中，如果關羽用的是青龍偃月刀，只能砍，怎麼刺？

可能是有史記載的第一次騎士對戰，出自「建安七子」之首王粲的《英雄記》：「郭汜在城北。（呂）布開城門，將兵就（郭）汜，言：『且卻兵，但身決勝負。』汜、布乃獨共對戰，布以矛刺中汜，汜後騎遂前救汜。汜、布遂各兩罷。」

這場決鬥真是典型的武俠小說場面，呂布、郭汜兩員大將在軍前單挑獨鬥，呂布用矛刺中郭汜，桑丘連忙救回了唐吉訶德。

《三國演義》裡描寫呂布用的是方天畫戟，雖然戟也是當時廣泛使用的武器，但呂布最稱手的兵刃應該還是矛。

關羽刺顏良並非騎將對決，而是突襲，用的也是矛或戈。

那時代的驍將公孫瓚、呂布、張遼、關羽、張飛、馬超等人，都是矛的最佳代言人。

在雙馬鐙發明之前，呂布與郭汜的「釘孤枝」場面並不多見諸史載，南北朝以後可就屢見不鮮。

隋文帝時，有個傢伙叫作史萬歲，他本是隋朝的「上大將軍」，因受朋友拖累，犯了大罪，被發配為邊疆戍卒，從上大將軍一下子貶成了小卒，實在有夠悶氣。

這時「秦州總管」竇榮定正與突厥相持於涼州，竇榮定不願兩軍相爭多有殺傷，便與突厥的「阿波可汗」約定：「各遣一壯士決勝負」。

突厥派出軍中第一勇士，竇榮定則派史萬歲出戰。

史萬歲雖然當了好幾年大將軍，馬上本領卻仍未擱下，「馳斬其首而還。突厥大驚，不敢復戰，遂請盟，引軍而去」。

誰說古人野蠻？可比現代人文明太多了。

前面提到唐太宗李世民與竇建德對峙於虎牢關的時候，竇建德派出三百名驍騎至唐軍陣前，遣使與李世民相約：「請選銳士數百與之劇。」所謂「劇」

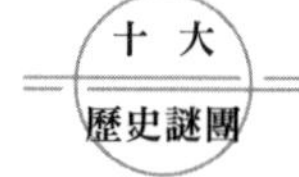

就是「戲」，也就是雙方相約「陣前鬥戲」。

李世民派遣王君廓率領兩百名長槊騎士，「相與交戰，乍進乍退，兩無勝負，各引還」。

這等大規模的騎士交戰，拍成電影一定很過癮，但很可惜，兩岸三地歷來的影視作品從未拍出過真正的騎戰。

我們總是看到這樣可笑的場面：兩員大將騎著馬兒對面衝刺，喝聲如雷，威勢頗猛，但一衝到近前，兩匹馬就停住了，然後兩員大將就在馬背上揮舞著極為沉重的長兵器砍來劈去，甚至還會在馬鞍上施展輕功、翻筋斗；兩匹馬呢，都呆呆的站在那兒面面相覷，好像來參加相親大會。

既如此，何必騎馬？兩人下馬步戰來得乾脆得多。

騎兵的優勢在於利用馬匹的速度進行衝撞，如果是對付步兵，只需把長兵器斜伸出去，刃鋒自然如同割草機，把沿線的步兵斬刈殆盡。

如果面對同樣的騎兵，砍劈的武器就沒什麼用了。試想，兩匹時速四十公里以上的馬對面奔馳而來，你還要先舉起兵器，然後再砍下去，誰能準確的命中對方？一般人騎著腳踏車去砍一顆不動的大西瓜，我估計九成九以上會砍個空。

這時只能使用刺擊的兵器，一手緊握韁繩，雙腳踏穩雙鐙，先固定住自己，再把長矛夾緊在腋下，瞄準對方胸口，利用馬匹的速度進行衝撞。

古時的用語「照面」、「回合」是什麼意思？兩馬對衝，叫作一照面；一撞之下不分勝負，兩匹馬都已跑出幾十公尺遠，雙方兜轉回頭，再衝一次，就是一回合。

這就是為什麼漢朝的騎將都用矛，唐朝的騎將都用槊。到了宋朝，遼、夏、金等國的重甲騎士登上歷史舞台，才不得不用上大斧、大鎚、大刀這種破甲的武器。

好萊塢電影裡的中古騎士挾矛衝撞的畫面，較能顯現精髓。

當年拍赤壁的時候，我曾想加入這樣的場景，可惜吳宇森導演志不在此，而且也沒有適合的演員與馬隊可供使用，只得作罷。

8

三國大概是一般人最熟悉的歷史時代了。

認真追究起來，看過《三國志》的人少之又少，連真正看完足本《三國演義》的人彷彿也不多。

大家對於三國的印象，早期來自於少年讀本或京劇，近年則源自電玩與漫畫。

三國真是英雄輩出的時代嗎？

我整理了一下歷史上十大殺戮最慘的動亂時代，以人口損耗比例而言：

排名	事件	變亂前	變亂後	損耗比例
1	蒙古滅金國	五千三百萬	六百萬	百分之八十九
2	三國時期	五千六百萬	一千萬	百分之八十二
3	隋朝末年	四千六百萬	一千三百萬	百分之七十五
4	安史之亂	五千三百萬	一千七百萬	百分之六十八
5	五胡十六國	四千萬	兩千萬	百分之五十
6	明朝末年	一億五千萬	八千萬	百分之四十七
7	北宋末年	一億	五千六百萬	百分之四十四
8	西漢末年	五千九百萬	三千四百萬	百分之四十三
9	太平天國	四億三千萬	兩億五千萬	百分之四十二
10	秦朝末年	兩千萬	一千兩百萬	百分之四十

以人口損耗總數而言：

排名	事件	損耗總數
1	太平天國	一億八千萬
2	明朝末年	七千萬
3	蒙古滅金國	四千七百萬
4	三國時期	四千六百萬
5	北宋末年	四千四百萬
6	安史之亂	三千五百萬
7	隋朝末年	三千三百萬
8	對日抗戰	兩千六百萬
9	西漢末年	兩千五百萬
10	五胡十六國	兩千萬

以上只是約略的統計數字，亂世之中的人口統計根本無法執行，因此上列圖表「變亂後」的數字並未包括避居、流散各地的離亂流民，也就是沒有把脫籍人口與無籍人口計算進去，但仍可藉此看出動亂的程度。

三國時期每一百個人裡面會死掉八十二個人，人口損耗比例排名第二，損耗總數排名第四，反正就是一個殺人如麻、極端殘酷的時代，這些所謂的英雄也許都是視人命如草芥的惡魔。

在一片血腥殺戮當中，唯一稱得上浪漫的畫面是，劉關張趙這群英武的騎士帶著龐大的中山馬群馳騁在平原上，雖然屢戰屢敗，卻仍豪氣干雲，談笑風生，滿懷希望的尋找著水草豐美的應許之地，永不放棄。

赤壁之戰在打什麼？

1

講到三國時期的大會戰，當然以赤壁之戰最為人津津樂道。《三國演義》就數這一段寫得最好，京劇的《群英會》也夠精采，從諸葛亮舌戰群儒，蔣幹盜書，周瑜計殺蔡瑁、張允，草船借箭，龐統獻計連環船，曹操橫槊賦詩，孔明借東風，周瑜打黃蓋，直至華容道關羽義釋曹操，連台好戲，眾英雄輪番上陣，虎虎生風，決無冷場。

其實，赤壁之戰的重要性遠不如曹操與袁紹的官渡之戰，那才是改變歷史走向的大會戰。

《三國志》對赤壁之戰著墨不多，〈武帝紀〉（也就是曹操傳）中寫道：「（曹）公至赤壁，與（劉）備戰不利，於是大疫，吏士多死者，乃引軍還。」是曹軍水土不服或傳染病盛行，打敗了曹操。

〈先主傳〉（也就是劉備傳）中寫道：「與曹公戰於赤壁，大破之，焚其

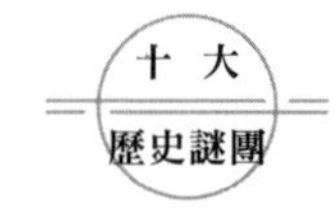

舟船，先主與吳軍水陸並進，追到南郡時又疾疫，北軍多死，曹公引歸」。是劉備先打敗了曹操，然後才發生傳染病，〈孫權傳〉的記載也差不多。〈周瑜傳〉記載得最詳細：傳染病先已開始流行，黃蓋見曹軍的船艦「首尾相接」，建議用火燒，先遣使詐降，誘使曹軍放鬆警戒，然後「放諸船，同時發火，時風盛猛，悉延燒岸上營落，頃之，煙炎漲天，人馬燒溺死者甚眾，軍遂敗退」。

後來《三國演義》根據的就是這段記載。

《英雄記》的記載則是：「曹操進軍至江上，欲從赤壁渡江。無船，作竹椑，使部曲乘之，從漢水下來出天江，注浦口。未即渡，周瑜又夜密使輕船走舸數百艘燒椑，操乃夜走。」

曹軍無船，只得作「竹椑」（竹筏），竟想用這種船橫渡長江做登陸戰。

2

先不說什麼水土不服或傳染病，反正已無法考證詳實。

《三國志》與《英雄記》最大的矛盾在於，一個說曹軍有船，而且「首尾相連」；一個說曹軍沒船，只能做竹筏。

我認為，這兩個記載都對，但都不是重點，重點在於，曹操根本不想打這場仗。

怎麼說呢？

曹操大舉南下，意在荊州，而非長江對岸的東吳。

荊州的軍閥劉表老弱多病，曹操當然不會錯失良機，他才一出兵，劉表就病死了，繼任的次子劉琮幾乎立刻俯首稱臣。曹操兼程疾進，殺得在荊州閒散了八年的劉備措手不及，唯一的活路只有聯合東吳。

曹操沒費什麼力氣就得了荊州，於願已足，他寫了封信給孫權：「近者奉辭伐罪，旌麾南指，劉琮束手。今治水軍八十萬眾，方與將軍會獵於吳。」

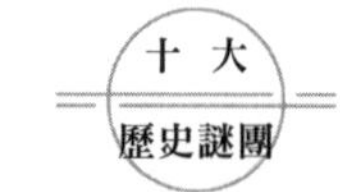

曹操文筆頂尖，整封信不帶一絲殺氣，他知道孫權愛打獵，所以「我只是想到江南跟你一起打一場獵而已」。帶著八十萬水軍來打獵，氣派不？

這時孫權只有二十六歲，在曹操眼裡根本是個小孩子，他寫這封信的目的只是虛聲恫嚇，如果嚇著了孫權，當然就賺到了；嚇不著，只不過浪費幾滴墨水，又有何妨。

他所謂的八十萬水軍是什麼東西？全都是剛剛歸降的荊州水軍，沒有一艘船、一個水手是屬於他的。

所以我剛才說，《三國志》記載曹軍有船也對，《英雄記》記載曹軍無船也對，有船是荊州的船，無船是曹軍自己沒船。

曹操久在北方，從未打過水戰，手下也沒有半個水軍，他首度南下至江邊，就想利用剛剛投降的荊州水軍，發動他完全不熟悉的渡江登陸大作戰？

我們要知道，水戰跟陸戰完全不同。陸戰戰場上通常會用的策略是，把新近歸降的部隊派去打頭陣，另有一隊監軍緊躡在後，如果降軍懷有貳心或作戰不力，後頭的監軍部隊就先把他們殺了再說；對面的敵軍攪不清楚狀況，自也會迎頭痛擊，降軍就成了夾心餅乾。在這種狀況下，降軍只有拚命死戰一途。

但在水戰戰場上，這套策略可就用不上了，尤其曹軍並無屬於自己的水軍。荊州降軍若不想幫曹操打仗，船艦出了港灣，或做鳥獸散，或投奔對岸，有誰管得住？

曹操若在每艘船艦上派一小隊監軍，船到江心，這隊不識水性的旱鴨子可就都成了江中魚蝦的大餐。

再者，陸上的指揮官有大群親軍簇擁護衛，一旦上了船，親軍也無用武之地，這船起了叛變，那船只能乾瞪眼，所以曹操豈敢登上由荊州水手控制的船艦？

曹操不信任荊州水軍，另外派了自己的人做竹筏，從漢水南下，但是這種竹筏面對慣於水戰的東吳，簡直如同小孩子的玩具，一捏就碎。

周瑜派黃蓋燒船，頂多燒了些荊州降軍，跟駐紮在岸上的曹軍有何關係？

《江表傳》記載，赤壁敗後，曹操又給孫權寫了封信，信上自我解嘲的說：

「赤壁之役，值有疾病，孤燒船自退，橫使周瑜虛獲此名。」

的確，曹軍敗於傳染病的成分遠大於什麼火攻，就像H．G．威爾斯寫的《世界大戰》，最後是靠細菌打敗了外星人。

我已說過，曹操意在荊州，本就沒有想要攻打東吳，充其量只是前來勘查地形、嚇唬一下孫權而已。

自己沒船，打什麼打？曹操不是笨蛋，絕對不會做這種笨事情。

至於什麼蔣幹盜書，計殺蔡瑁、張允，草船借箭，孔明借東風，周瑜打黃蓋，關羽義釋曹操，全都是瞎扯。

3

曹操勘查完大江地形，才真正擬定攻擊東吳的策略。

翌年春天（西元二〇八年、建安十四年），曹操率眾來到他的老家譙縣（安徽亳州），在渦河建造船艦、訓練水軍，開始了他攻打東吳的第一步。

這支水軍訓練了四年，逐步進逼，以合肥、巢縣為大本營，到了建安十八年春，才正式攻打東吳於「濡須口」。

這是史上第一次北方企圖大規模渡江進攻南方，但曹軍並未得逞，後來又嘗試了兩次，都失敗了。終曹魏一朝，雖然消滅了蜀漢，卻拿東吳一點辦法都沒有。

其後司馬氏篡魏，建立晉朝。東吳始終控制住長江上游的荊州，但晉朝卻控制住了更上游的蜀地。

水戰的基本戰略就是大船贏小船，占上風、占上游者勝。

曹魏早在占領蜀漢之前就定下了「先取蜀，作戰船，通水道，以順流之勢，水陸並進」的滅吳戰略，之後的晉朝便一五一十的按照這個方案在蜀地訓練水軍、建造艦隊，從西元二六三年開始，直到二七九年才準備就緒，耗費了十六年時光。

與此同時，兩國在荊州地區維持拉鋸，晉朝派羊祜為荊州都督，東吳以陸抗為鎮東將軍，與之對峙。

羊祜採取懷柔策略，雙方保持了多年和平關係，其實晉朝只是在拖延時間，讓蜀地的水軍壯大成熟。

晉朝派在四川的益州刺史王濬終於建造出一支超級艦隊。《晉書》記載，最大的船長達一百二十步，大約八十公尺，可載兩千人，甲板上以木為城，起樓櫓，甚至可以「馳馬來往」，「舟楫之盛，自古未有」。

以當時的條件而言，這麼大的船如何駛得動？風力、人力、獸力？還好這超級大船的終極作用只是順長江而下，不用考慮動力的問題，如果行駛在水平面上，恐怕只是個龐大的布景罷了。

西元二七九年，時機成熟，晉朝兵分六路，水軍是真正的主力，陸軍的東邊二路負責牽制護衛首都建康的吳軍，西邊三路攻打武昌、江陵，幫水軍掃除障礙。

東吳早已窺知晉朝的企圖，在江中布下了防線，以鐵鍊橫跨江面，水面下則暗藏了許多鐵錐。

王濬派竹筏先行，江中的鐵錐刺中竹筏，都被帶著走；竹筏上又有巨大的火炬，被橫江鐵鍊攔住後，便點燃火炬，燒斷鐵鍊。

水軍「兵不血刃，攻無堅城」，就這樣輕輕鬆鬆的一路殺到建康，吳軍看見王濬的超級艦隊「旌旗器甲，屬天滿江，威勢甚盛，莫不破膽」。吳國派出去迎敵的部隊一戰未交，望風而降，吳主孫皓也只得乖乖投降。

不得不提一下，晉朝在此戰中有個很奇怪的調度。晉朝的分派是，王濬率領的水軍從長江順流而下，通過建平（巫峽）之後，由陸軍西三路的指揮官杜預節制，來到建業後，由陸軍東二路的指揮官王渾節制。換句話說，晉朝朝廷從皇帝到人臣都認為水軍並非獨立的軍種，必須由陸軍掌控。

水軍竟要聽命於陸軍？很不可思議，是吧？在往後的一千多年裡，水軍可都還是同樣的命運。

習慣生活在陸地上的人類的觀念就是如此，美國的空軍也一直由陸軍管轄，直到一九四七年才正式成為獨立的軍種，這時第二次世界大戰早就已經打完了。

4

既然說到了史上第一次企圖跨越長江之戰，以及第一次北方吞併南方的晉滅吳之戰，就順便說一下也很著名的淝水之戰。

晉朝政權在北方沒能維持多久，因為三國時期的人口耗損太大，周邊的遊牧民族乘機往中原發展，晉朝被迫南遷，史稱「東晉」。匈奴、鮮卑、羯、氐、羌等民族則在北方先後建立了十六個國家，史稱「五胡十六國」。

這十六國的疆域有大有小，歷史有長有短，其中最有名的一個大概就是發動淝水之戰的「前秦」了。

前秦是唯一一個由氐族建立的國家，經由祖、父兩代的經營，勢力漸強，苻堅於西元三五七年登基為帝，自號「大秦天王」。

在十六國諸多暴虐荒淫的君王之中，苻堅是個挺優秀的皇帝，寬厚平和，知人善任，內政修明，鼓勵生產，軍事上也頗有所得，滅了前燕、前涼，統一了北方，於是也想跟曹魏、晉朝一般，併吞南方。

既有百年前晉朝吞併東吳的成例可以遵循，苻堅便也於西元三七三年先攻占了大部分蜀地，但巴東地區（即今日奉節一帶）仍在東晉的掌控之內。

西元三八三年，苻堅認為時機已然成熟，一些希望建功立業、不知好歹的長安富豪子弟也一味慫恿，他便盡發北方之兵，「戎卒六十餘萬，騎二十七萬」，兵分五路，水陸齊進。

相較於當年晉滅吳，戰略部署乃出於多年的規畫，前秦這次可謂草率行事。因為這五路軍裡面，有一路是河北方面的軍隊，還有一路更遠從涼州而來，結果淝水之戰都已經打完了，他們卻還沒到達前線；至於護衛總司令部的羽林軍則由那些從未打過仗、只會胡亂誇口的富家子弟所組成。

更重要的是，應該擔任此次大戰主角的水軍，居然完全沒有發揮作用。

水軍的統領是羌族的姚萇，不知為何，苻堅對他頗為信任，不但讓他都督益、梁州軍事，還封他為「龍驤將軍」，並告訴他：「朕本以龍驤建業，龍驤之號未曾假人，今特以相授」，可見器重他的程度。

但這支水軍在幹嘛？遍查史書，未見記載，好像根本沒有參戰。

追究起來，不外三個原因：

第一是東晉仍控制著巴東地區，精於水戰的晉軍阻擋住姚萇率領的水軍，使其無法順流而下。（這一點頗有疑問，因為如果曾經發生戰事，不論大小，正史總該會記上一、兩筆吧？）

第二是訓練不足，還未出兵就問題叢生。前秦跟劉備、晉朝一般，本都不會水戰，前秦此時占領蜀地才只十年，何時組建水軍不得而知，比起晉朝的水軍經營了十六年，應有相當大的差距。

第三是，姚萇根本在扯爛污，根本一兵未發！

姚萇這傢伙心懷叵測，對於苻堅外貌恭順、馬屁拍盡，苻堅才授他「龍驤將軍」，其實他心裡一直打著鬼主意，淨扯苻堅的後腿。淝水之戰敗後，趁著由各個種族組成的前秦大軍分崩離析，他立刻造反，建立「後秦」，並擒殺了極為信任他的苻堅。

後來他屢敗於前秦殘餘的部隊，便把苻堅的屍體挖出來毀屍洩憤，但過不了多久，又覺得自己老打敗仗是苻堅的鬼魂作祟，居然又在軍中樹起苻堅的神像，禱告說：「陛下當年賜與臣『龍驤』之號，言猶在耳，陛下雖已過世為神，也不要忘記這句話啊！現在為陛下立神像，勿記臣過，聽臣至誠！」

這姚萇簡直無恥、愚蠢到了極頂！

即便如此，戰況仍未見改善，他又把苻堅臭罵一頓，毀了神像，據說他後來屢屢夢見苻堅率鬼兵追殺他，臨死前還跪在床前不停的磕頭。

話扯得太遠了。總之，前秦沒了水軍這個主角，跟曹操一樣沒船，渡江之戰要怎麼打？

而且苻堅太過輕敵，以為東晉不堪一擊，把這場大戰當成了他的豪華狩獵之旅。他得到前線「賊少易擒」的情報，不等大軍會合，逕自帶著八千羽林軍，奔赴前線。

東晉的國防策略跟東吳差不多，以荊州兵團控制上游，北府兵團保衛首都。名將劉牢之只率領了五千名北府兵北上迎敵，先在洛澗打敗了前秦擁有五萬兵馬的先鋒部隊，斬殺了其中的一萬五千人。

苻堅這時才覺得不妙，這群野獸比想像中的難獵啊？趕緊命令部隊緊臨淝水西岸布陣，阻擋由謝石、謝玄率領的晉軍。

謝玄遣使騙苻堅：「兩軍各據東西兩岸，這場仗要打到什麼時候？不如你們稍做退卻，讓我們渡過河來，再一決死戰。」

前秦軍遠道而來，後勤補給本是最大的問題，當然以速戰速決為上上之策，便答應了，並想乘著晉軍半渡時，以鐵騎衝殺。

我很懷疑苻堅的軍事才能，前秦的基礎是他的祖父苻洪、伯父苻健打下來的，他當上「天王」之後雖然打了幾場漂亮的大勝仗，滅了前燕、前涼，卻未必出於他的指揮。

他先小覷了晉國的兵力，又沒想到自己身邊的羽林軍是由當初攛掇他出兵的長安富家子弟組成，完全沒有實戰經驗。不知彼亦不知己的將領，不敗何為？

他一下令退後，這些富家子就以為己軍打敗了，驚惶失措，亂跑亂竄，弄得全軍跟著潰敗，自相踩踏，屍體蔽野塞川，死者十有七、八。

前秦是個由多種民族構成的國家，苻堅的氐族人數最少，以少治多，本就是一大隱憂，這次大敗，其他各民族立刻離心離德，一統北方的大帝國就此四分五裂。

其實，淝水之戰發生的地點距離東晉首都建康還有一百多公里遠，即使晉軍打敗了也不會有什麼重大影響，主因是前秦的水軍絲毫不見動靜。

《晉書》記載，捷報傳來時，宰相謝安還在別墅中下棋，聽得這消息，了無喜色，圍棋如故，只淡淡的說了句：「小兒輩遂已破賊。」

千古以降，大家盛讚謝安臨危不亂，處變不驚。

我倒覺得謝安沒什麼好怕的，當時他的心裡一定這麼想：「就算敵軍殺到江邊又如何？他們的船又沒來，理他們做什麼？老夫還是下棋要緊。」

最被後世之人津津樂道，赤壁、淝水兩大最著名的渡江之戰，都是主攻的一方根本沒有船，會不會太荒謬了？

火燒連營
六百里？

1

相信大家看到三國有名的故事，東吳大破蜀漢「火燒連營六百里」時，心頭都會為之一震。

哇！多壯觀的場面！

古代的六百里相當於現在的兩百五、六十公里，若走高速公路，可以從台北走到台南。

一把大火燒出這麼長的距離，分明是縱火狂最深切的幻想。

然而仔細思考，實在有夠鬼扯，什麼樣的營寨可以連綴得這麼長？當時蜀漢的在籍人口總數只不過百萬左右，就算老弱婦孺全體出動，再加上戰馬營、輜重營、糧草營……也不可能綿亙將近三百公里，更不可能寨寨相連，讓大火一直延燒過去。

《三國演義》小說家言，就數這一段最離譜。

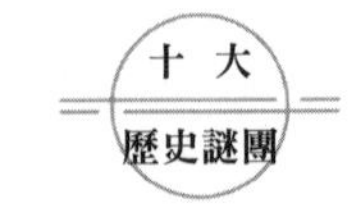

我們翻開地圖當能看見，從四川盆地到東南地區只能經由長江。江水從一千多公尺高的盆地傾注而下，形成了大家熟知的長江三峽。這水道雖然險峻，行船尚稱便利，但陸路可就難了，沿江兩岸各有一條狹窄的山路，直至近代都還崎嶇難行。

劉備想要經由這條小路攻打東吳，如何能在其間調動大軍？連營六百里的傳說就在這種地理背景之下成形。

邪對曰受恩深重此諸將或任腹心或堪爪牙或是功臣皆國家所當與共克定大事者臣竊慕相如寇恂相下之義以濟國事王大笑稱善加遜輔國將軍領荊州牧改封江陵侯初諸葛亮與尚書令灋正好尚不同而以公義相取亮每奇正智術及漢主伐吳而敗時正已卒亮歎曰孝直若在必能制主上東行就使東行必不傾危矣漢主在白帝徐盛潘璋宋謙等各競表言備必可禽乞復攻之吳王以問陸遜遜與朱然駱統上言曰曹丕大合士衆外託助國討備內實有姦心謹決計輒還初帝聞漢兵樹柵連營七百餘里謂羣臣曰備不

南宋袁樞《通鑑紀事本末》亦記載「樹柵連營七百餘里」，收錄於《欽定四庫全書．子部．雜家類》。

《三國志》〈魏書．文帝紀〉也就是曹丕傳裡記載（此時曹操已死，由曹丕當家），曹丕獲得吳、蜀兩國交戰的情報說是，劉備「樹柵連營七百餘里」，這就是日後傳說的由來。但這情報或《三國志》的作者陳壽記載得太過簡略，並未說明詳實的狀況。

〈吳書．陸遜傳〉裡則記載，劉備大軍「從巫峽建平連圍至夷陵界，立數十屯」，也就是說，蜀軍從巫峽到夷陵（今日的宜昌），在大約兩百公里的路途中建立了數十個據點，主要的作用是後勤支援，轉運糧草與物資，這才是真實的情況。

兩百多公里的距離當中，每隔三、五公里設立一個據點，是再正常不過的軍事部署，幾經訛傳，竟成了「連營六百里」的荒謬史話。

且看《三國演義》如何描寫吳軍火燒蜀軍：陸遜命令吳軍「每人手執茅草一把，內藏硫黃焰硝，各帶火種，各執槍刀，一齊而上，但到蜀營，順風舉火；蜀兵四十屯，只燒二十屯，每間（隔）一屯燒一屯」。如此這般的把蜀軍燒了個精光。

吳兵只要手執茅草一把，就能縱火？他們怎麼能夠這麼容易的進入蜀營？火又要怎麼放？那時既沒汽油、又沒打火機，就算蜀軍營寨都是木頭做的，也不會一點就著吧？蜀軍難道都是腦殘智障，就站在旁邊眼睜睜的看著吳軍蹲在地下慢慢的生火？

縱火慣犯看到這一段，肯定笑掉大牙。

剛才說過，蜀軍每隔三、五公里才設有一屯，吳兵隔一屯、燒一屯，就是平均每隔七、八公里燒一屯，這種燒法能連成一片三百公里的火海嗎？

唉，反正小說家騙死人不償命，這也是我愛寫小說的原因之一。

2

這場戰役史稱「夷陵之戰」，是東吳偷襲荊州、斬殺關羽之後，劉備的復仇之戰。

吳、蜀兩國自赤壁之戰開始，基本的國策都是聯手抗魏，然而兩國之間有個心結，就是荊州。

曹軍敗退之後，劉備占領了荊州與荊南四郡。過了幾年，四川的軍閥劉璋被漢中的張魯所逼，派人向劉備求救。

劉備留下關羽鎮守荊州，親率大軍進入四川，一山二虎終有一傷，最後劉備鵲巢鳩占，反而把劉璋吞了。

孫權既見劉備得了四川，便想討回荊州。

孫權的理由是當初就有口頭約定，劉備卻藉口還要攻取涼州之後才歸還荊州。

這分明是賴帳！

孫權氣得心想：好吧，你賴帳，我就偷襲！

乘著關羽在荊州北方的襄、樊水淹曹軍的時候，派呂蒙襲取了荊州，弄得關羽南北兩面受敵，最後敗走麥城，被吳軍所殺。

劉備當然不會責怪自己賴帳，只恨東吳背信棄義、偷雞摸狗，尤其他們還不留情面的斬殺了自己的好兄弟，擺明了視蜀國如糞土、不值一哂的態度。

東吳敢這麼做，當然有其堅強的心理背景。剛才已經說過陸戰的難處，但如果蜀軍順江而下呢？

上一章也已說過，後來晉朝從四川攻打東吳，做了十六年準備，而劉備此時占領四川才只六年不到，訓練出來的水軍大約還在幼稚園階段。東吳深知劉備根本不會打水戰，而這正是東吳的強項，因此東吳料定劉備只能乾瞪眼而已。哪知劉備吃了秤鉈鐵了心，拚了老命的攻殺而來。

劉備最有把握的還是陸戰，但陸戰要怎麼打？他的戰略部署是什麼？

我們如今只能看到史書上的記載：西元二二一年七月，他先派吳班、馮習自巫峽出兵，占領了巫峽與西陵峽之間的「秭歸」，建立前進基地；翌年正月，再遣吳班、陳式率領水軍屯駐「夷陵」兩岸，自己則率領大軍「緣山截嶺」，於猇亭（今日的宜昌市內）紮營，別遣馬良聯絡五谿蠻夷，慫恿他們出兵相助；黃權則督率江北諸軍與吳軍相拒於夷陵道，又以馮習為大督，張南為前部，輔匡、趙融、廖淳、傅肜等為別督。

瞧他這陣仗，擺明了以陸軍為主，幼兒園一般的水軍只是陪襯，即使占了上游之利，仍突破不了東吳的江防，大家也都心知肚明。

但，劉備當真只想這麼打嗎？我懷有很多疑問。

第一，蜀國從前一年的七月就開始部署、進攻，隔年的一月劉備才親率大軍直撲夷陵。

夷陵是陸路上的最後一道險阻，過了此處就千里平川，蜀軍便能大展長才，因此東吳必然傾注全力的把蜀軍阻擋在夷陵，以陸遜為大都督，朱然、潘璋、宋謙、韓當、徐盛、鮮于丹、孫桓等人為副。

兩軍從一月開始交戰，直到閏六月還不分勝負，竟僵持了七個月之久，「久則鈍兵挫銳」，這種情形尤其對於客軍不利。

古代的戰爭，客軍如果遠道而來，因為後勤補給的關係，多半以三個月為一期。若戰情膠著，曠日持久，大軍只能後撤，伺機再戰；或分兵據守險要，改採守勢，以待來日。

《資治通鑑》多處記載，一個士兵一天要吃掉五升米，如此算來，一個士兵三個月得吃四十五斗的米，一斗米約七公斤重，就是吃掉了三百一十五公斤，一萬大軍就是三百一十五萬公斤，再加上衣裝、器械、輜重，馬匹與運糧之牛的飼料等等，加總起來五、六百萬公斤跑不掉，這還只是供應一萬人的部隊。

以古代的運輸條件而言，運送這些物資的工程可真是浩大無比，所以《孫子兵法》有曰：「久暴師，則國用不足」，「國之貧於師者，遠輸」，總而言之就是持久作戰、遠道作戰最損國力。

以蜀國當時的國力而言，供應遙遠的前線大軍已然十分吃力，何況這條運輸路線還是極為難走的崎嶇山路，就算這一仗只打三個月，也會弄得民窮財盡。

劉備卻仍打死不退，既是遠道作戰，還要曠日持久，可謂同時犯了兩個兵家大忌。

《孫子兵法》警告道：「兵怒而相迎，久而不合，又不相去，必謹察之」，意思是，乘怒而來的軍隊，卻不急著交戰，又不退兵，率隊的將領必然另有圖謀，這段話恰恰說中了劉備此時的處境與心境。

劉備的圖謀是什麼？

第二，劉備身經百戰，又不是白癡，豈沒料到時序入夏，東吳會採取火攻？

蜀軍駐紮在西面的山高林密之處，春天吹東風，夏天吹南風，吳軍只需在東面的山上放一把野火，就可以像澳洲、亞馬遜、洛杉磯的野火一般，延燒到幾百里外，煙霧彌天，嗆都把敵人嗆死了，根本不用像《三國演義》寫的那樣，每人手持一把茅草進入蜀營去放火。

諸葛亮在赤壁之戰中並沒有借東風，反而是陸遜在此戰中才真正借了東、南風，

第三是最重要的一點，也是最初引發我疑竇的一點：〈陸遜傳〉中記載，吳軍放火燒山，乘勢殺了馮習、張南及胡王沙摩柯等人，攻破蜀軍四十餘營，「（劉）備升馬鞍山，陳兵自繞，（陸）遜督促諸軍四面蹙之，土崩瓦解，死者萬數」。

我的疑惑來自於其中的四個字——「土崩瓦解」。

《三國志》的作者陳壽寫到戰役勝負，最常用的是「破」字，「曹公擊某軍於某處，破之」、「先主縱奇兵，大破之」、「（孫）權西伐某某，破其舟軍」等等，整本《三國志》起碼用了幾百個這種意義的「破」字。

每個人的用字遣詞都有一定的習慣，陳壽的習慣不會只在這一處做改變，而各代史官也都從來不會用「土崩瓦解」來形容兵敗。

所以，吳軍四面圍困之後，立刻就接著寫土崩瓦解，這上下文是怎麼接的？

唯一合理的解釋就是，馬鞍山的水土保持不良，再加上蜀軍的千軍萬馬在山上結陣，吳軍的千軍萬馬在山下衝撞，導致了山崩！

是因為劉備把山上的樹木砍去建營寨了嗎？我認為並非如此，留待後面再做揣測。

接下來的那句「死者萬數」也有些不明不白，僅就文意來看，好像是吳兵死者萬數？山若崩，當然是山下的比較倒楣。

用字簡潔的陳壽沒有清楚的記錄馬鞍山崩，並非什麼大事，卻勾起了我更深一層的疑問。

3

「功蓋三分國，名成八陣圖；江流石不轉，遺恨失吞吳。」

這首大詩人杜甫的傑作，應是大家耳熟能詳的國文教材。中、小學的老師教到這首詩，可起勁了，因為這正可以把諸葛亮的各種傳奇事蹟吹噓一頓，一堂課就過去了。

我小時候聽老師講析這首詩似乎很簡單，第一句是說諸葛亮隆中畫策，老早就定下了三分天下的策略，第二句則談到諸葛亮發明的神奇陣法「八陣圖」。

但後兩句呢？

江流石不轉是個啥？遺恨失吞吳又是什麼意思？

老師們每講到此處就含混帶過，學生們也不求甚解，因為精采的已經聽完了，便呵欠的呵欠、神遊的神遊去了。

直至今日，翻遍各種詩詞賞析，都說不清楚「江流石不轉」的含義，或者

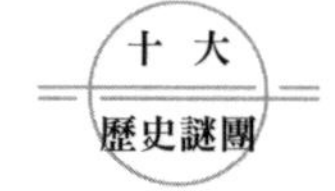

說成是諸葛亮擺布在江中的石頭八陣圖，但如此解釋，就是把第三句跟第二句連在一起了，這可不是絕句的寫法，第三句應要轉入另一個意境才對；不這麼解釋呢？第三句橫空而出，又與第四句不搭邊，更沒道理。

至於「遺恨失吞吳」，大家都解釋成諸葛亮苦勸劉備不要跟東吳開戰，兩國的共同敵人應是曹魏，但劉備不聽，造成了千古遺恨。

我後來覺得如此解詩太過牽強，就如同歷代許多大儒曲解古籍一般，不扭成麻花捲兒不甘休。

我們先來看看「江流石不轉」。

資料顯示，奉節附近的梅溪河入江處，灘中、河內有一些亂石堆，就被當地父老當成是諸葛亮用石頭堆出來的「水八陣」，一直傳誦到現在。

《三國演義》可把這水八陣吹噓得欺天蓋地，說是陸遜率兵一路追到這裡，被水八陣困住了，原來這水中的石頭八陣圖不但是個迷宮，還有迷魂的作用，弄得陸遜頭暈目眩，差點沒命，最後還虧諸葛亮的岳父黃承彥把他帶了出來，理由是「老夫平生好善，不忍將軍陷沒於此」。

陸遜大嘆了聲：「孔明真臥龍也，吾不能及。」

羅貫中偏心一至於斯，即使蜀軍大敗，卻仍給足了諸葛亮面子。

其實八陣圖是應用在戰場上的八種陣形，完全沒有什麼神奇的功用；奉節附近所謂的水八陣更可能只是自然形成的磧石堆。

但如果真是諸葛亮堆的，他幹嘛要把石頭堆在江裡？

我們不要想得太複雜，什麼水中布陣、什麼迷宮，都是瞎扯，人類把石頭堆在江中的唯一理由就是——築壩。

我認為，這才是劉備真正的戰略——水攻東吳！

4

大家想想，蜀國若在長江上游築了壩，等到春天大雨水漲，洪峰沖毀堤壩傾瀉而下，長江下游會發生什麼狀況？

我敢說，大半個東吳都完蛋了！

冬天水淺，適合築壩，所以這項行動應於去年冬天就已經開始，這也是諸葛亮並未跟隨大軍出征的原因。

為了掩飾軍事機密，諸葛亮便以布陣為名，反正那時的老百姓都很好騙，怪力亂神的理由最受歡迎。直到今天，台灣的政治人物一到選舉就抬出各種神明助陣，不比那時科學多少。

然而，想在長江築壩，談何容易，古時的築壩技術想必不太高明，築不築得成是個大問題，頂多只能勉強阻住江流；況且，就算堤壩竣工，也才只成功了一半，還要等待大雨降臨才行。

劉備之所以寧犯兵家大忌，在夷陵堅持了七個月不退兵，就是在等待春夏之際的大雨。

除此之外，他還有殺著。

前面提到，曹丕獲得劉備「樹柵連營」的情報，其實劉備砍光了附近山上的樹木做成木柵，不是為了連營，而是要等到江水暴漲之時，把一排排巨木編成的木柵丟到江裡，順流疾沖直下，可就成了撞毀東吳戰艦、堤防、沿江城池的利器！

一根巨木就能做成攻城衝車，撞破最堅實的城門，遑論連排巨木。滔天大水加上幾萬排時速超過五十公里的巨木木柵勢若奔雷而來，這是何等驚悚的畫面，其威力應比一百顆原子彈還可怕！

劉備堅持不退，是在等待大雨，用水攻；陸遜堅守不戰，是在等待風向轉變，用火攻。戰爭的三大要素，「天時」居首，多少次戰役因為天氣而扭轉了戰局。

結果，老天爺偏愛東吳，那年的春、夏沒下大雨，江水沒漲，天乾物燥，弄得蜀軍水攻不成，反被吳軍火攻。

劉備退到馬鞍山上結陣，企圖阻擋吳軍攻擊，但是山上的樹木已被自己砍光了，水土保持不良，導致馬鞍山崩坍，「土崩瓦解，死者萬數」，至此言之成理。

我們再回到杜甫的那首詩，按照我的理解，「江流石不轉」指的是江水沒漲，石壩沒垮；「遺恨失吞吳」是遺恨吞吳的軍事行動失敗，而非不應該吞

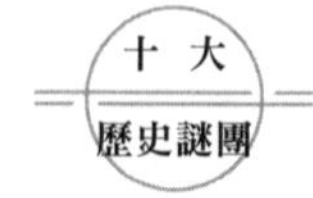

吳。

這兩句連結到一起，文意才順，亦是絕句該有的寫法。

不禁想到，杜甫當年流寓夔州，是否聽到當地父老流傳下來的逸聞，因而窺知劉備、諸葛亮真正的軍事策略，才寫出我所理解的詩句？

如果他知道，為何不寫得更清楚？莫非他也跟陳壽一般，惜字如金，朦朧才是美？

如果他並不知情，難道這首詩真的如同現代人解釋的那樣含混不明？

這又是一個謎，只能等我到地下去詢問杜老先生了。

5

史上的火攻戰役多不勝數，但著名的水攻並不多。

第一次發生在春秋時期，晉國內訌，實力最強的晉國正卿智伯瑤逼迫晉大夫韓康子、魏桓子割地給他，而另一大夫趙襄子（趙無恤）悍然拒絕，智伯瑤便聯合韓、魏兩家圍攻趙氏的大本營「晉陽城」。

趙氏堅守，戰事持續了一年多，智伯瑤便引汾水淹灌晉陽，使得城中居民泡在水裡，煮飯時要把鍋子掛起來，甚至易子而食。

後來，趙無恤派說客說服韓、魏兩家倒戈，掘破堤防，倒灌智氏大軍，反敗為勝。

第二次是戰國末期，秦國大將王賁斷故渠，引水東南出，以灌魏國首都「大梁」，把城牆都浸壞了，魏國不得不投降。

第三次是漢初三傑之一的韓信與項羽手下的大將龍且戰於濰水，韓信前一夜命令兵士做了萬餘個沙囊，堵住濰水上游，到了白天，河水低淺，韓信渡河攻擊龍且，旋即詐敗而逃，引得龍且率軍窮追，不料隊伍剛剛進入河床，上游的韓信士兵就掘開沙囊，大水沖下，把龍且的軍隊截成兩半，韓信從容回軍，斬殺了龍且，大敗項軍。

第四次是曹操圍呂布於下邳，久攻不下，乃引沂水、泗水灌城，呂布的部將起內訌，獻城而降。這次水攻不算成功，只打擊了呂布全軍的士氣。

第五次是關羽駐守荊州時，攻曹仁於樊城，曹操派于禁增援，《三國志》記載：「秋，大霖雨，漢水汎溢，（于）禁所督七軍皆沒」。

似乎只是天氣驟變，並非後人認為的，關羽用了水攻之計。

《三國演義》這麼寫道：「時值八月秋天，驟雨數日。（關）公令人預備船筏，收拾水具。關平問曰：『陸地相持，何用水具？』（關）公曰：『非汝所知也。于禁七軍不屯於廣易之地，而聚於罾口川險隘之處，方今秋雨連綿，襄江之水必然泛漲，吾已差人堰住各處水口，待水發時，乘高就船，放水一淹，樊城、罾口川之兵皆為魚鱉矣。』關平拜服。」

寫得雖神，但還是天下大雨，熟悉襄樊一帶氣候、地形的關羽順應天時，提早做出準備而已。

此戰曹軍大敗，曹操手下五虎將之一的于禁束手就擒，關羽威震華夏，甚至逼得曹操想要遷都以避其鋒銳。

第六次是南北朝時「南梁」的名將韋叡水圍合肥，詳情容後再表。

第七次是對日抗戰時期，國軍用大砲轟垮了鄭縣花園口的黃河大堤，但這並非水攻日軍，而是阻止日軍前進，只苦了河南的老百姓。

上述七次水攻，只有韓信那一次是用了人為築壩堵河之法。

司馬遷的《史記》記載這一段比較詳細一些，最起碼寫出了韓信軍隊是用「萬餘囊，滿盛沙」堵住河水，放水時則是「使人決雍囊」。

說起來很簡單，但仔細想想，卻覺得實際執行起來太困難了。

首先要算準時間，交戰中的部隊運行何其快速，韓信的兵馬詐敗退過河床，龍且的兵馬追入河床，上游的水正好就在這時沖下來，怎麼能算得這麼準？是用電腦控制的嗎？

其次，「使人決雍囊」（命令士兵掘開壅塞住河道的沙囊），更大有玄機。韓信用的沙囊應該跟現在颱風來時所用的沙包差不多。一萬多個沙包堆在一起，堵住了河道，使得河水高漲，時間一到，再把沙包掘開，讓河水沖下。

天哪！這要怎麼掘？

當年我幫吳宇森導演寫《赤壁》劇本，吳導演原本有意讓關羽在長坂坡時水淹曹軍，我就想起了韓信水淹項軍的這一幕。

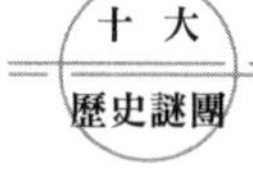

然而，僅用文字敘述可以取巧，不通、不懂、不合理、不應該的事情，就那麼輕描淡寫的一筆帶過；一旦拍成影像，可是硬碰硬、實打實，一點也馬虎不得，觀眾豈是那麼好騙的？

我把《史記》的這一段讀了好幾次，怎麼想怎麼不對。

要掘，當然應該從下面開始掘，下面鬆了，上面就會垮下來，但是一萬多個沙包疊在一起，最下面的沙子應該會被擠壓得跟石頭一樣硬，就算士兵割破布袋，沙子能夠輕易的被掘出來嗎？

如果從上面掘，沙包堆不會整個垮掉，從上面流下來的水就跟撒尿一樣，有什麼用？

我頭痛了許多天，最後想出了一個辦法——麻布袋中裝的不是沙子，而是鵝卵石。

鵝卵石不會被壓得太緊，當最下層的布袋被割開的時候，比較容易被刨出來。當然，派去割布袋、刨石頭的兵士必須是敢死隊，因為布袋堆成的壩一垮，他們肯定沒命。

我不是什麼專家，不知這種方法有沒有用，反正後來因為預算不夠，又找不到合適的場景，這場戲沒能拍成，否則恐怕會被觀眾罵翻過去。

但我還是相信我的鵝卵石比司馬遷的沙子好一些。

6

諸葛亮可說是最被神化的歷史人物，當然拜《三國演義》之賜。

七星壇祭東風、神妙無方的八陣圖、自動行走的木牛流馬、六甲天書的縮地法、五丈原禳星續命，都是神仙才做得到的事；至於人為神算的火燒博望坡、草船借箭、智困曹操華容道、空城計等等，則非真實事件或借用自其他人的事蹟。

魯迅批評《三國演義》塑造的諸葛亮「多智而近妖」，實乃至論。

他的外在形象呢？正史鮮少記載人物長相，除了像劉備那樣手長過膝、看得見自己耳朵的怪胎。

諸葛亮的外貌無從考證，《三國演義》描寫他羽扇綸巾，一派名士風範，老是悠哉的坐在一輛四輪車上，面露微笑，一副智珠在握的模樣。於是後來不管在戲台上或影視作品裡，都一定會看見諸葛亮拿著一把羽扇搖來搖去。

其實，蘇東坡的〈念奴嬌．赤壁懷古〉裡寫的「羽扇綸巾」指的是周瑜，卻硬被套到諸葛亮的頭上。

當年吳宇森導演拍《赤壁》，很不想讓諸葛亮拿扇子，早就通知劇組不要準備這項道具，豈知飾演諸葛亮的金城武前來劇組報到的第一天，竟帶著一把自己準備好了的扇子，堅持非這樣不可。

吳導演不愧國際大導演，見多識廣，懂得遷就大牌演員的想法。

我認為《三國演義》與民間傳說中的諸葛亮外型，借用的是前面提到的「南梁」名將韋叡。

韋叡是一個非常獨特的將領，他體弱多病，不能騎馬，作戰時都坐在一輛小車上親臨戰陣，頭戴綸巾，手持一柄白角如意，指揮眾軍。

西元五〇五年冬，梁武帝蕭衍大舉北伐，以弟弟「臨川王」蕭宏為總司令，

《古聖賢像傳略》的韋叡畫像。

軍容壯盛，器械精良；對手是鮮卑族拓跋氏建立的「北魏」，君臣震恐，認為百數十年來未曾看見南軍有如此壯大的陣容。

韋叡此時是南梁的豫州刺史，先率軍攻拔小峴，再進援魏軍重兵駐守、梁軍久攻不下的合肥。

韋叡一至，立刻依地形築成堤堰，再引淝水灌入，用河水把合肥包圍了起來。

北魏派出敢死隊前來毀堤，諸將想要退卻，韋叡怒斥：「將軍死綏，有前無卻」，親自站上第一線與敵軍爭奪，保住了堤堰。

南朝本以水軍見長，韋叡調來跟合肥城牆一樣高的巨型戰艦駛入河道，以船上的巨弩轟射城內，射死了守將杜元倫，守軍潰敗，被俘斬萬餘級。

用軍艦攻城，可真有創意！

韋叡一戰成名，北魏軍士無不望而生畏，稱他為「韋虎」。

但其他各路的北伐大軍都不順利，總司令蕭宏天性懦弱，攻克梁城之後，北魏遣軍來救，蕭宏逡巡不敢進，部將呂僧珍也出言建議退兵，其餘諸將力爭不果。

北魏將士甚至作歌嘲諷：「不畏蕭娘與呂姥，但畏合肥有韋虎」。

某夜，狂風暴雨大作，蕭宏竟以為是敵軍偷襲，嚇得僅帶數騎逃走，百萬之師，一夕鳥散。

南梁的北伐行動徹底失敗，北魏反而聚集了四十多萬大軍殺奔前來，圍住了鍾離城，守將昌義之的手下只有三千人。

鍾離緊臨淮河，一直是南北雙方必爭的戰略重地。

梁武帝命令右衛將軍曹景宗率二十萬大軍救援，雙方僵持不下，梁武帝又命韋叡馳援。

韋叡一到，觀察了魏軍的部署之後，便說：「魏人已是我肚子裡的美食了。」

原來距離鍾離不遠的淮河下游有一個位處要衝的小島「邵陽洲」，北魏控制住這個小島，建起兩座橋梁將淮河的南北兩岸連成一氣，運輸軍需補給。

曹景宗原本只占住邵陽洲尾，韋叡乘夜挖長溝、樹鹿角，截洲為城，一夜之間就把梁軍人營往前推進了二十里。

魏軍早上起來一看，嚇得大叫：「是何神也？」

北魏驍將楊大眼率領了一萬名騎兵猛攻過來，韋叡結車為陣，兩千具強弩一時俱發，洞甲穿中，殺傷甚眾，楊大眼也被射穿右臂，只得敗退。

魏軍統帥元英又率眾來爭，一日數戰，仍討不到任何便宜。

不久，天降春雨，淮河暴漲六、七尺，南朝的水軍又可以發揮威力了，數十艘鬥艦包圍住小島，萬弩齊發，射得邵陽洲上的魏軍死傷殆盡；小船則載著浸過油膏的茅草，把魏軍建造的南北兩橋盡皆燒毀，魏軍投水而死與被殺死的各有十幾萬，還被生擒了五萬多人，可謂全軍覆沒。

戰後，曹景宗與群帥爭先告捷，韋叡卻有功不伐，獨居人後。

正史中，諸葛亮的主要才能在於政治，而非軍事；韋叡淡泊名利，雖無法衝鋒陷陣，卻是戰場上最勇猛的指揮官，《資治通鑑》評論他「每戰，常乘板輿督厲將士，勇氣無敵」。

7

前面說到韋叡在包圍合肥，與北魏爭奪堤堰時曾對諸將下令：「將軍死綏，有前無卻」。

什麼是將軍死綏？

這觀念最早出自於春秋時代齊國名將司馬穰苴所著的《司馬法》，意指軍隊如果敗退，將領要受懲罰，連家屬都要連坐。

比他稍後的墨子更狠。墨子以擅長守城聞名於世，他在〈號令〉一篇中提到：「城守，司馬以上父母、昆弟、妻子有質在主所，乃可以堅守」，守城的大小武官都要以父母兄弟妻子為人質，先集中軟禁起來，如果守將作戰不力，家屬先倒楣。

後來曹操也曾下令：「古之將者，軍破於外而家受罪於內也，自命將征行但賞功而不罰罪，非國典也。其令諸將出征，敗軍者抵罪，失利者免官爵。」領軍的大將在外打敗了，做為人質的家屬就要受罪於內。

後世之人總愛批評大將「一將功成萬骨枯」，大家只看到大將出征，威風凜凜，打勝了之後加官晉爵、列地封侯，小兵們則只能可憐兮兮的得到微薄的賞賜。

但很多人都不了解，大將背負了多麼重大的責任，心裡要承受多大的壓力，一仗若敗，整個家族都要遭殃。

這就是封建帝王的控制術，「你不聽話、你不拚命，朕就殺你全家」。追根究柢，那種時代的每一個臣民都是被皇帝綁架的人質，人質卻還會對綁匪產生認同感，反過來幫助綁匪、擁護綁匪。這種心理狀態如今有個專業名稱，叫作「斯德哥爾摩症候群」。

所以看到歷史上的佞臣、奸臣，鎮日在皇帝面前爭寵諂媚、醜態百出，別太苛責他們，因為他們都是病人。

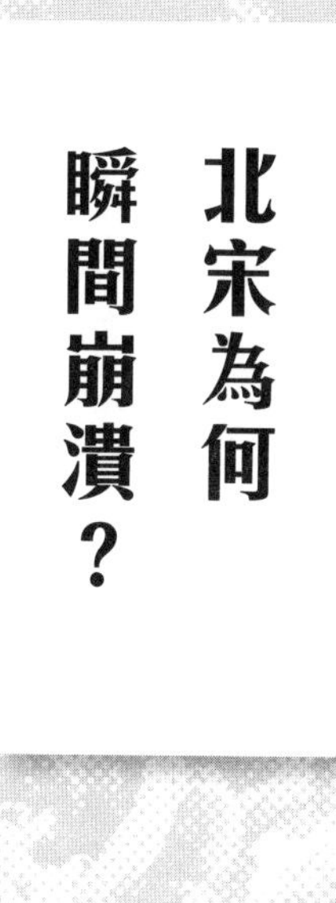

北宋為何瞬間崩潰？

1

最被後人看扁的朝代就是宋朝。

不屑宋朝的原因不外疆域最小，軍事力量太弱，老是被鄰近的大遼、西夏欺負，更由於靖康之恥，讓後人覺得宋朝是一個受盡屈辱的年代。

許多人評論歷史有個很要不得的觀念，總是以軍事力量來論斷各個朝代的優劣，什麼漢唐盛世、大清霸業，也不想想這些霸業盛世，是侵略了多少國家、滅絕了多少民族才得來的。

這是希特勒式的歷史觀。

衡量歷史的天平應該放在文明燦爛與否、對於整個人類有何貢獻，而非打殺了多少人、強占了多少地。

宋朝的文明程度到底如何？有必要先做一個整體的觀察。

2

趙匡胤建立宋朝於西元九六〇年。

歐洲那邊呢？

就在五年前，東法蘭克國王「鄂圖一世」在「奧格斯堡」擊敗了匈奴人的後代馬札兒人，使基督教文明得以保存，但整個歐洲都仍處在茹毛飲血的「黑暗時代」。

義大利是曾經輝煌燦爛的羅馬帝國的大本營，這時早已四分五裂；法國受盡馬札兒人與北歐海盜的蹂躪，好不容易建立起卡佩王朝；英國也被丹麥與挪威海盜攪得焦頭爛額；日耳曼人剛剛在無邊無際的大森林中砍伐出可供文明滋長的空地；西班牙的大部分則由北非來的摩爾人所控制。

歐洲的中心是拜占庭帝國，首都位於現今土耳其境內的君士坦丁堡，其他地區幾乎看不到一個像樣的城鎮，倫敦直到十三世紀才只有一點三二平方公里，不及大宋首都開封的十分之一。

封建領主霸占了大部分土地，整體的經濟狀況大約相當於春秋、戰國時期的莊園式經濟，幾乎所有的人口都在農村，自由民的處境比農奴好不了多少，飽受壓迫，以蔬菜果腹，身穿粗布麻衣，他們男耕女織，把最好的衣服和食物貢獻給領主，正如同《詩經》描敘的那樣，「我朱孔陽，為公子裳」、「取彼狐狸，為公子裘」，他們自己卻「無衣無褐，何以卒歲」，一年忙到頭，農閒時還要替貴族領主服勞役。

知識依靠僧侶傳播，錢財流入主教口袋，甚至連羅馬教皇的職位都可以買賣。

而在大宋王朝的疆域內，十萬人以上的城鎮超過三十個，首都開封若加上流動人口應在百萬以上。

百姓早上從溫暖的棉被中鑽出，坐在桌前端起雨過天青的汝窯瓷杯，啜飲著江西出產的雙井白茶，一邊蹺著二郎腿瀏覽私人發行的小報，不喜歡八卦的人則可以閱讀印刷精美的詩選、詞譜或什麼××堂文集。

吃完早飯出門溜達，荷包不會太沉重，因為可以用鈔票買東西。

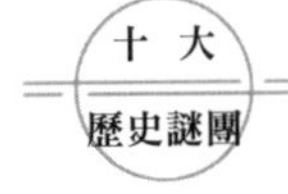

中午時分，達文西一般的沈括坐在庭院內思索萬物的法則，一邊望著廚房裡的僕婢用煤炭生火煮飯，這種在中原早已隨處可見的燃料，仍讓三百年後的馬可．波羅為之驚豔。

沈括這時已發現一種液體可以燃燒，將它命名為「石油」，並且斷言這東西日後必「大行於世」。

晚間與朋友相約小酌，幾百間大酒樓或小飯館任君挑選，菜餚的精緻美味可都不相上下，酒量好的人可以喝一種經過蒸餾的酒，十杯下肚之後便倚在橋欄邊上嘔吐。

從《清明上河圖》就可以看出開封簡直跟我們現在的都市差不多，若把畫中人物的衣著換掉，根本就是西門町加上饒河街夜市。

家中老婆臨盆，丈夫一點都不緊張，因為此時已有專業的婦產科醫生，還著有《十產論》、《婦人大全良方》等專書；嬰兒出生後也有專科醫生的照拂，使得夭折率大大降低；長大成人如果不幸被人謀殺，也有專業法醫替死者驗屍，不讓凶手逍遙法外。

宋張擇端《清明上河圖》局部。
國立故宮博物院典藏

總而言之，宋朝的科技發展達到整個中國歷史的最高峰，數學、物理、天文、地理、地質、化學、醫學、農業、造紙術、活字印刷、火藥、航海術、各種工藝技術乃至於今日用來開採石油的頓鑽，都在這段期間有著長足進展。

根據日本科學史學家藪內清的考證，宋朝時煤與鐵的產量已超過了十七世紀工業革命初期英國的產量。我們知道煤鐵的大量生產正是工業革命的原動力，毛澤東在一九五八年制定的大躍進政策，就是以此做為「超英趕美」的依據，殊不知宋朝工業革命的規模就已經超過了六百年後的英國。

3

宋朝以前，中原仍屬於中世紀的區域式、莊園式經濟，現代都市尚未成形。唐朝的首都長安雄偉燦爛，占地七十七點七平方公里，差不多是現在大台北地區的三分之一，在那時代可說大得嚇死人，是宋朝開封的六倍多，但它基本上是一個政治性的都市，與現代城市相距甚遠。居民大都是官眷、軍眷，以台灣人能夠理解的概念來說就是一個很大很大的眷村。

從建制上看，長安是一個大城包圍著一百零八個坊，坊牆可都不矮，正如一百零八個小城，店鋪、民房的大門都不准開向大街，所以走在長安的大街上，兩邊除了坊牆還是坊牆，什麼都看不到，一入夜，坊門緊閉，閒雜人等不得外出，頗像一座龐大的軍營。

比利時歷史學家亨利·皮雷納曾說：「城市的空氣使人自由」，宋朝以前的城市裡沒有現代意義的「市民」，沒有法人團體，沒有公民權的概念，因為讀書人都出身自鄉村，他們的家族在農村而不在城市，退休致仕後都返回故鄉，如同老祖宗一般的耕讀傳家，所以城市裡一直形成不了所謂的中產階級。

到了宋朝，發達的商業導致坊制破壞，政治性城市轉變成為經濟性城市，商人、工匠、服務業、物流業、餐飲業……甚至各種閒雜人等川流不息，知識分子也逐漸以城市為家，印刷術日益精進使得教育普及，識字人口激增，市民階級於焉形成。

私人創辦的小報發達，輿論興起，百姓間的民事糾紛越來越多，狀師滿街跑，開封城內頗有一七八九年法國大革命前的味道。

有學者認為資本主義已經開始萌芽，如能繼續發展下去，很有可能成為世界上第一個民主共和國。

整體來看，宋朝文明的程度可謂空前絕後，不但遠遠超越前代，連後面的元明清都趕不上。宋朝以後的中原人類再也沒有出現這麼旺盛的創造力，原因為何，又是一個難解的謎團，留待有心人研究。

4

如果說劉邦是火星人，趙匡胤應該也是從另外一個星球過來的。

他對待開國功臣仁至義盡，杯酒釋兵權，令大家都得善終，這已經很不容易了，他又留下祖訓，詔令繼位者不得殺害文人士子與上書諫議之人，更開千古未有之先河，大臣獲罪，頂多貶到外地為官，過沒幾年說不定又可以回到中央政府，大文學家蘇東坡就被貶謫了兩次，依舊健筆如飛。

宋朝的政治制度是三權分立，民政、軍政、財政分屬不同部門掌管，因此在北宋時期幾乎看不到能夠一手遮天的權臣、奸臣，更高明的是，也沒有外戚、宦官能夠干政——只除了宋徽宗時期的童貫，他是史上軍權最大的宦官，被後世之人當成惡魔一般看待，尤其《水滸傳》把他寫成了天下第一奸臣，其實綜觀他的生平，他很會帶兵，立了不少軍功，也沒有什麼特別惡劣的行為，算是被污名化得非常嚴重的歷史人物之一。

宋朝的兵權也是三分，由樞密院、三衙、帥臣分掌全國軍事，以文治武，領軍將帥輪番更換，就好像今日的軍隊，不讓將領有培養自己部隊的機會，從而遏止了將帥擁兵自重、割據分裂的局面。

至於各朝各代都鬧出不少問題的皇位繼承，在宋朝除了第二任皇帝趙光義的繼位頗有爭議之外，其餘全都風平浪靜。

總體來說，宋朝的政治清明穩定，在歷史上是少見的。

5

如此燦爛的朝代怎會瞬間崩潰？

我用瞬間崩潰來形容北宋的覆亡，應該不算誇張。秦朝、漢朝、隋朝亡於內憂，唐朝可謂亡於外患，明朝則是兼而有之；漢、唐、明的滅亡經歷緩慢的過程，秦與隋也可算是瞬間崩潰，但遠不如北宋這麼突兀。

北宋並無太深重的內憂，整個社會的貧富差距、土地兼併，都不如漢末、明末那麼嚴重，崩潰前七、八年所發生的方臘、宋江之亂都只是區域性的亂事，動搖不了根本；外患雖從建國以來就已存在，但與大遼、西夏的對峙始終半斤八兩，偶贏偶輸，也並不構成重大的威脅，主要是因為宋朝的軍事力量並不如後人想像中那般孱弱。

宋朝的武器已廣泛使用火藥，有阻止戰馬前進的「蒺藜火球」、今日槍枝的先驅「突火槍」、如同地雷的「鐵火器」、有若火焰噴射器的「火筒」，甚至連生化武器「毒藥煙毬」都已發明了。

傳統兵器也發展得威力強大，「床子弩」的射程可達一百八十公尺（另有一說為五百公尺），射出去的箭跟長矛一樣粗，中者粉身碎骨；單兵使用的「神臂弓」馳名中外，射程可達兩、三百公尺，且能洞穿重甲，是敵軍最為忌憚的利器。

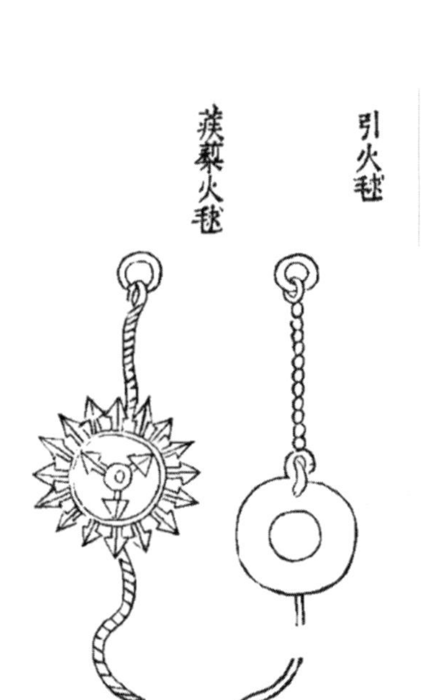

宋《武經總要》記載的蒺藜火球樣式。

單從一件事就可以看出宋朝的軍事力量：成吉思汗崛起於大漠，蒙古鐵騎橫掃天下，侵略東歐、南亞、西亞、中東等地，無往不利，不需兩年就消滅了強盛一時的花剌子模；在東亞則花了二十三年滅掉金國、二十二年滅西夏、二十九年征服高麗，但南宋抵抗這支全世界無人能敵的鐵騎，卻能夠從宋寧宗嘉定十三年（西元一二二〇年）蒙軍進攻齊州（濟南），雙方首次發生衝突開始，一直支持到宋帝昺祥興二年（一二七九年），一共長達六十年之久，足見宋軍的實力有一定的程度。

既然如此，導致北宋瞬間崩潰的「靖康之難」怎麼會發生呢？

西元一一一四年，由女真族建立的「大金國」崛起，從北方威脅「大遼」。北宋與大遼對抗多年，眼見有機可乘，便於一一二〇年與金國約定軍事同盟，分從南北夾擊大遼。

這時大宋與大遼之間已和平了百年之久，雙方的軍隊都沒有大戰經驗。正所謂穿鞋的打不過赤腳的，金兵是赤腳流氓，從北入侵，殺得腳踏 Nike 運動鞋的遼兵抱頭鼠竄；宋兵則穿著 Lattanzi 的紳士鞋，由南夾擊，卻被穿著

Nike 的遼兵打得大敗。

最後消滅遼國幾乎全是金兵所為，宋兵沒能幫到什麼忙，但盟約既訂，大宋還是要跟金國坐地分贓。

紳士怎能與流氓分贓？當然齟齬日增，終至撕破了臉。

西元一一二五年十月，金國的兩員驍將粘罕、斡離不兵分兩路侵宋，斡離不從河北南下，粘罕則取道山西。

這時金國才建立十年，人口非常有限，這兩路兵馬頂多各有五、六萬人，打野戰可以，若要攻城則差得遠。粘罕的西路軍在山西便是如此，小城雖然攻下了幾個，但碰到「太原」這等規模的大城只能望城興嘆，久攻不下。

東路的斡離不進軍順利，擊潰了邊防軍與駐守河北各處的廂兵，直逼首都開封城下，嚇得宋徽宗禪位給兒子，自己帶著幾個大臣南逃，躲到鎮江去了。

然而斡離不面對更為高大的開封城牆也是束手無策，粘罕的西路軍又無法前來會合，所以在圍攻了三十三天之後，心知破城無望，便以恐嚇的手段取得了大筆錢財，於一一二六年二月退兵，徽宗也回到了東京，只能當個無事可幹的太上皇。

過沒幾個月，兩國之間糾紛又起，金國便又於九月間興兵南下。這一回，金國本身的兵力仍差不多，但粘罕在攻打山西時招降了大遼亡國後的「義勝軍」十萬餘人。這批來自遼國的降軍，戰鬥力如何？諒必達不到赤腳的標準，但肯定比穿 Lattanzi 紳士鞋的宋軍要強，而且有了上次的經驗，金軍新造了不少攻城的器械。

這次東西兩路進攻的路線仍然依樣畫葫蘆，不同的是，西路軍粘罕攻破了苦守一年的太原，順利抵達開封與東路的斡離不合軍，圍城整整一個月，終於在一一二七年一月攻陷開封，擄走大宋的太上皇徽宗、皇帝欽宗、三千多名皇室子孫與嬪妃，與一萬多名開封城內的良家婦女，史稱「靖康之恥」。

從一一二五年十月到一一二七年一月，不過一年多的時間，北宋從極盛竟至滅亡，到底是如何發生的呢？

從宏觀的大角度來看，遊牧民族入侵農業社會的策略一向是：勢力低弱的時候以滲透的方法逐步蠶食，人口繁衍到一定程度，再加上學得了中原與西域的科技，增強實力之後，便大張旗鼓的鯨吞。

大草原上生物的生長繁衍自有循環，西元十至十三世紀正值大草原風調雨順，遊牧民族相繼壯大，先有契丹、諸羌，後有女真、蒙古，全世界的農業社會都遭受到沉重的威脅。

以現實的情況來看，宋軍屢戰屢敗，當然是因為久未作戰的緣故，但這時的金軍並不擅長城池攻防戰，兵力又不多，「上兵伐謀，其次伐交，其次伐兵，其下攻城」，攻城最困難、最傷損兵力，他們真的是以自己的實力攻破了開封嗎？

根據史載，金兵使用的攻城器械，不過是火梯、雲梯、編橋、鵝車、木驢、兜竿、撞竿之類的初級工具，還不太會用火箭、火砲等火器。

這樣的攻城部隊如何能攻破開封這座堅城？

《避戎夜話》中記載：「京師承平之久，無知小民、游手浮浪最多，平居除旅店外，多在大房、浴堂、櫃房雜處，里巷強梁不在數也。」

開封的流動人口本來就很多，來往的商旅、攤販、工匠等等，尤其有許多寄生在大都會中的遊手好閒之徒，平日聚集茶館酒樓，專門替人跑腿幫閒，這種人最愛無是生非、造謠起鬨。

「乘此擾攘，聚眾作亂，甚者趕罵宰相，絲擘內侍，打殺統制，放火焚燒，莫知其數。」

這些人沿街追罵宰相、搶劫內侍，甚至殺害高階軍官、放火燒屋，已到了無法無天的程度。

西元一一二六年十二月十六日，「百姓毆殺本壁統制辛康宗。辛公指揮城上兵軍，不見賊不得亂放箭砲，百姓疑其姦細，故殺之。」

亂民居然殺了負責守城的將領，這是何等嚴重的事情！

按照墨子的守城法，「卒有驚事，中軍疾擊鼓者三，城上道路、里中巷街，皆無得行，行者斬。」敵軍攻城的警報響起，城內的街道一律不准通行，隨意走動的民眾，斬首；「敵人卒而至，嚴令吏民，無敢喧囂、三最（三個人以上聚在一起）、並行（兩個人併肩而行）、相視坐泣、流涕若視、舉手相探、相指、相呼、相麾、相踵、相投、相擊、相靡以身及衣，訟駁言語、及非令也而視敵動移者，斬。」甚至連相對坐著哭泣，互相以手勢探問、指點，互相呼喚、號召、跟隨、投奔也都不准，若有人敢鬥毆、拉扯、訴訟或擅自窺探敵軍的行動者，皆斬。

這些舉措的用意在於，先不讓城內有任何騷動，才能集中全力對付外敵。

而大宋朝廷的處置是什麼？不但沒有追究那些亂吵亂鬧、打罵宰相內侍的市民，連辛康宗這麼嚴重的事件都「縱而不問。故軍兵、百姓聚眾殺人，在一時指揮之間，殊不為怪」。

開封城在這個時刻就已經完蛋了！

猛將姚友仲在金兵第二次圍城之前，便曾建議朝廷「於都城置訪巡十六員，新門四隅四員，舊城內四員，每員皆一正一副，每員統兵五百人，遇有

警急，則一正將帶領二百五十人救援，留二百五十人在地分。或有細民乘勢作過，當以軍法從事」。這就是現代保安警察大隊的概念。

姚友仲有先見之明，似乎早已料到會發生辛康宗這樣的事件，「意恐小人喜亂，故欲設此防民」，但朝廷卻沒有接受。

不幸的是，西元一一二七年一月九日晚間，「姚友仲於南城為軍民毆打至死，肝腦塗地，委填溝壑，骨肉星散，不知所在，家貲劫掠掃地」。

這位頗富謀略的將軍竟落了個家破人亡的下場。

其實金兵攻城也很辛苦，天上又降下大雪，斡離不與粘罕已生議和之心，開封若能再多撐幾天，金兵很可能就跟上次一樣退兵了。

偏偏這時出現了一個名叫郭京的神棍，號稱自己能施「六甲法」，麾下有神兵七千七百七十七人，其實都是些市井無賴。

宋廷君臣此時的心態就像慈禧太后迷信義和團，萬般無奈之餘，只能期盼神力相助，市民們更是興奮，當郭京出兵時，都擠在宣化門內等待捷報，豈知「天師」、「神兵」一出城門就像一鍋稀飯一樣的灑了滿地，金兵乘亂奪城，開封於是陷落。

從這些記載來看，靖康之亂的主因當然是沒有戰爭經驗的宋軍不堪一擊，中央政府又亂了套；但最根本的原因還是開封城內發生大亂，市民們自以為是的瞎起鬨、自相戕害。

宋朝仍沿襲古老的「六部」制度，然而整個社會卻在不停的進化，老舊的制度顯然已經管理不了現代化的國家，尤其是最為先進的首都開封。開封城內小報林立，輿論紛雜，美其名曰論政，實則訛言、謠言、危言滿天飛，說穿了，就跟現在的台灣媒體差不多。

領頭起鬨的都是「太學生」（全國最高學府的學生），其中有一個叫作陳東的，言詞頗激烈，多少對開封城內的氣氛產生了負面影響。北宋亡後，陳東逃到南方繼續狂言高論，南宋政府再也受不了，違背了「不殺士大夫與言事者」的大宋祖訓，將他斬殺了事。

靖康之亂不起自外，而起自內，且非起自於大宋國內，而只起自於開封城內。

的確，「城市的空氣使人自由」，但過度的自由卻使得原本的燦爛瞬間化為腐臭。

綜觀各朝亡國的過程，都是地方先崩潰，最後才輪到首都；北宋恰恰相反，首都先行崩壞，各個地方卻仍維持著應有的力量。

大宋朝廷南渡，金兵追殺不休，而由各地鄉兵、民兵組成的山寨、水寨，有效的阻止了金兵攻勢，可見這時期的金兵只能打野戰，整體實力並沒有那麼強；宋朝也並未瓦解，軍事力量更不如後人想像中那麼的弱。

一城之亂就導致亡國，史所罕見，更應為後世警惕。

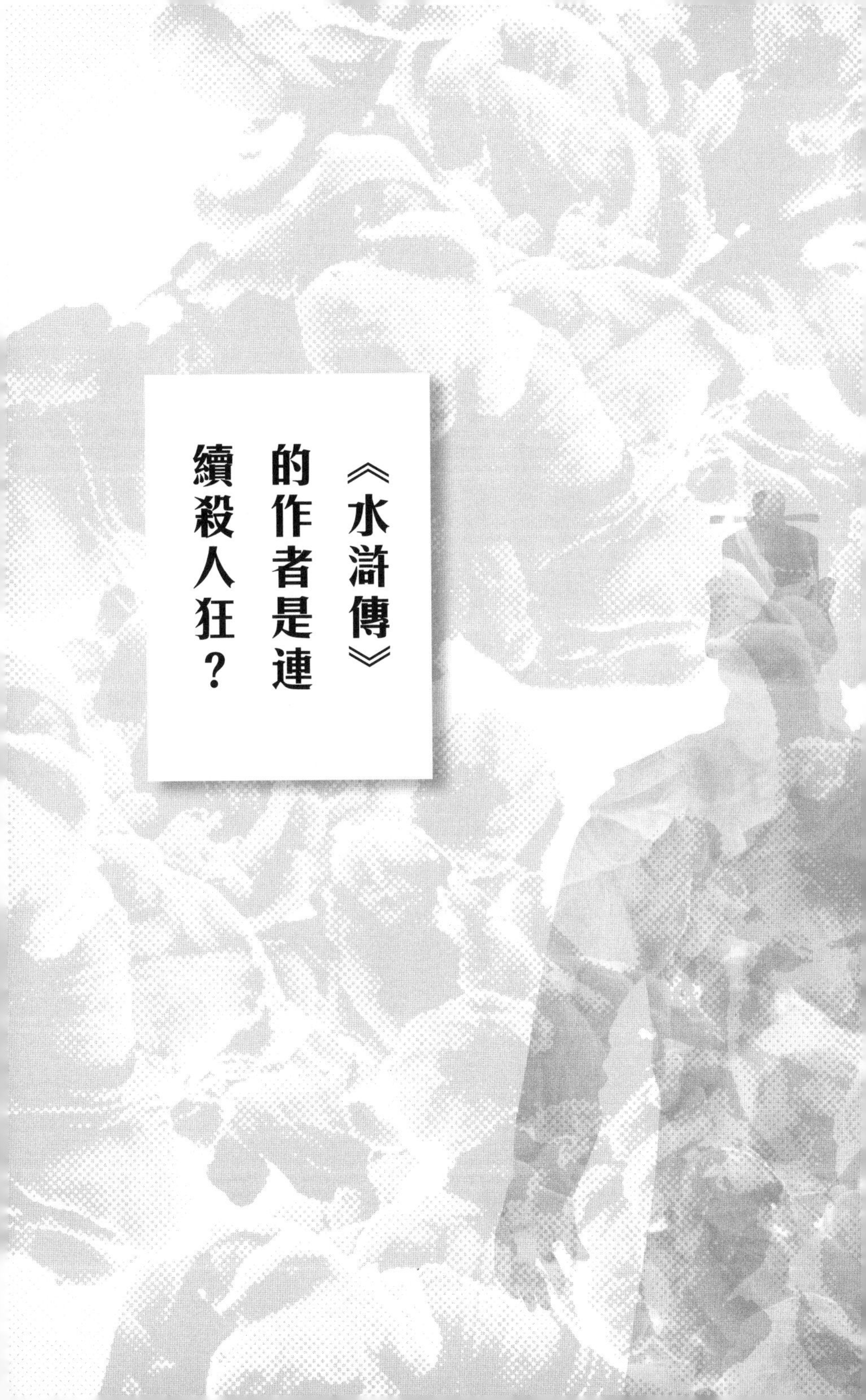

《水滸傳》的作者是連續殺人狂？

1

最被大家痛恨的朝代應該是元朝。

蒙古驍騎崛起之初，猶如地獄使者一般的侵略全世界，任何城鎮只要敢對蒙軍射出一箭，城陷後就會被屠城，雞犬不留，死者的頭顱還會被築成「京觀」，也就是把砍下來的人頭堆成一座高塔。

女真族建立的金國尤其慘痛，參閱前面第四篇列出的歷代變亂人口損耗表，原本五千三百多萬人口的金國被消滅之後，只剩六百萬左右，人口損耗的比例高達百分之八十九，每一百個人當中只有十一個人能存活。

幸虧，西元一二五二年蒙哥繼任大汗，派遣忽必烈經略漢地，他聽取了幕僚劉秉忠「天地好生，王者神武不殺」的諫言，變得比較文明了一些，南宋被滅，將近五千萬人口「只」損耗了大約一千五百萬。

痛恨元朝的另一原因是元政府實行「四等人制」，把人民分成四等——蒙古人、色目人、漢人、南人，最下層的漢人、南人飽受壓迫。

色目人是來自西域甚或歐洲的各種民族；「漢人」並非種族之稱，而是泛指金國統治下的北方各民族，包括女真人在內；「南人」則是南宋滅亡後被納入統治的百姓。

其實，在元代官修的《大元聖政國朝典章》或《元史》的〈刑法志〉裡，並沒有「四等人制」的規定，也沒有相關的法令頒布，但也不能說這制度完全不存在，「四等人制」分散於各種法規與判例之中，譬如軍職、官吏的任用，科舉考試的試題難易、考場規範、錄取名額，乃至於刑事判例「蒙古人乘醉毆死漢人者，斷罰出征，並全徵燒埋銀」、「漢兒人毆死蒙古人，處死」，都可以證明種族的差異、歧視確實存在，至於有沒有如一般論述中那麼偏激慘酷，則要畫上一個大問號。

朱元璋推翻蒙元，建立明朝，有一次他對群臣做出論斷：「朕觀元朝之失天下，失在太寬。」

這句話很有意思，朱元璋是在元朝統治下差點餓死的、社會最底層的「南人」，他竟認為元朝滅亡的主要原因是法律太過寬弛？

《明史．刑法志》記載：「太祖懲元縱弛之後，刑用重典」，或許朱元璋是想以此做為藉口，推動嚴刑峻法，但不管怎麼樣，他總不至於信口開河，亂說一氣。

遊牧民族在作戰的時候，視敵人如草芥，殺人不眨眼，然而一旦把他們納入了自己的管理之下，就變成了「自己人」，對自己人則是很寬容的，寬賦稅、寬思想、寬刑罰，連明朝的史官都不禁感嘆：「雖古仁君何以過之？」

元朝的法律本來循用金國的《泰和律義》，金國的法律又以唐律為主，唐律在歷代律法當中算是最為平和的。

後來忽必烈希望制定新法，但弄來弄去、修來修去，一直修到元朝滅亡都沒有修出一部確定的律法，只得將具體的案例編為法條，以成法典，「有例可援，無法可守」，就是說沒有具體的法律條文，只能用以往的案例來判案，這種古怪的法律可謂亙古未見，只有一個「亂」字可以形容，大約是因為遊牧民族想要以本身對於律法的觀念來治理農業社會，結果卻弄得各方面都格格不入。

再者，元朝地方政府的最高長官名曰「達魯花赤」，幾乎全由蒙古人擔任。早期的達魯花赤恐怕連字都看不懂，叫他們騎馬打仗可以，叫他們坐在辦公桌後面審閱卷宗，只怕比殺了他們還難過；晚期的達魯花赤雖要通過科舉考試，但蒙古人、色目人的考題比漢人、南人簡單，即使「高中」了，語文程度大概也不會太高。

我想他們就跟前面說到的劉備差不多，一早起來騎著駿馬、帶著隨從，見到街上熟識的百姓便吆喝著：「老劉，跟我走」、「小李，打獵去」，盡興之後，席地而坐，烤肉、飲酒、唱歌、跳舞，鬧到半夜才回家。

介紹元曲作家生平與作品目錄的《錄鬼簿》裡，有揚顯之的《黑旋風喬斷案》，如今只剩劇名，不知內容為何，很可能跟《水滸傳》第七十四回〈李逵壽張喬坐衙〉一樣——

話說梁山泊的好漢「黑旋風」李逵來到壽張縣，知縣嚇得溜了，李逵卻忽然起了官癮，穿上官服，坐上公堂，就要判案。

衙役們無可奈何，只得派了兩個獄卒假裝互告，一個說他被打了，另一個說是對方先罵人，所以他才動手打人。

李逵問明白了誰被打、誰打人，便做出宣判：「打人的是好漢，放他回去；被打的不長進，枷號示眾。」

這段子分明是在影射那些「達魯花赤」的判案風格，全不仔細閱卷、思考，但憑一時的喜怒、遊牧民族的習慣，豪邁粗魯的亂判一氣。

由此看來，元朝的法律並沒有特別的寬，而是雜亂無章，卻又執行得太寬太濫，《元史》的編撰者、大文學家宋濂在〈刑法志〉裡評論道：「元之刑法，其得在仁厚，其失在乎緩弛而不知檢也。」

3

自漢朝以降，地方首長除了掌管行政、財政、司法之外，最重要的就是「行一方之教化」，以道德禮教來約束百姓、教導百姓、勸喻百姓。遊牧民族出身的「達魯花赤」哪裡會管什麼禮教，盡情釋放自己的欲望才最重要。

禮教既然崩壞，元政府又不搞什麼文字獄，百姓的思想、行為必定跟著放蕩起來，這尤其表現在文藝作品上。

元朝的文學幾乎沒有什麼出色的詩詞文賦，特別興盛的是戲曲與小說，「文以載道」消失無蹤，文字成了遊戲筆墨，講得好聽點是思想、觀念得到解放，講得難聽則是人欲橫流，誨淫誨盜的作品統統跑出來了。

也許可以這麼說，元朝是歷史上的好萊塢時代。

4

這時期最驚人的產品無疑是《水滸傳》。

一般認為這本書是元末明初的施耐庵寫的，如果真是這樣，此書完成於十四世紀，歐洲都還沒有脫離黑暗時代，甭提會有什麼小說文學了。

水滸的故事源自於《大宋宣和遺事》，在南宋時期便有許多關於宋江三十六的民間傳說，元代則把這些傳說編成戲曲，後來的小說就是將這些片片段段的傳說、戲曲全都編排連綴到一起，而在這過程裡，形成了好幾個版本，前七十回都大同小異。

我們目前能夠看到的版本，小說技巧已到達爐火純青的境界，金聖嘆極口讚揚：「天下之文章無有出《水滸》右者，天下之格物君子無有出施耐庵先生右者。」

這話或許過於誇張，但僅就小說而言，只有兩百多年後、明朝中葉的《西遊記》、《金瓶梅》能跟它媲美，《三國演義》還差得遠，因此胡適先生認

為它不可能是元末明初的作品，多半經過明朝文人的修改。

沒錯，小說文學有可能這麼橫空出世嗎？施耐庵是穿越時空的怪傑嗎？

《水滸傳》究竟成書於什麼年代、出自何人之手，還有待考證。

5

幾百年來，關於《水滸傳》的評論、賞析，早已汗牛充棟，論及小說的主題意識，不外反抗封建政府的專制、無產階級革命、對於貪官污吏的控訴、受到異族統治的鬱悶、敢於發揮追求正義的精神，甚至建立烏托邦的理想等等。

這些都不是我要說的重點，我只想從一個被大家忽略的角度來看這部作品——《水滸傳》的作者顯然透露出連續殺人狂的犯罪心理！

連續殺人狂似乎是現代社會的產物，從前並沒有人注意到這種犯罪類型，美國的聯邦調查局遲至一九七〇年代末期才開始對這種類型的罪犯進行研究，百分之九十以上都是男性，外表看起來很和善，有一些的智力還很高，他們的行為包括：自命為上帝派遣的執法者，少年時想當警察，成年後喜歡跑去警察慣常出沒的酒吧，與警察閒聊辦案的種種，經常以一副專家的姿態出現在命案現場指指點點；人際關係很差，不敢與少女接觸；多半有個很嘮叨、總是羞辱他的母親，於是有仇視女性的傾向；殺人後會毀損屍體，甚至吃人肉，或用破碎的屍體做某種宣示；凶手會尿床、喜歡縱火、虐待動物等等。

我們再來看看《水滸傳》中「英雄好漢」的行為，梁山泊高舉「替天行道」的大纛，以西方的觀點來說就是替上帝執法；除了「黑旋風」李逵、「花和尚」魯智深、「混江龍」李俊、「活閻羅」阮小七寥寥幾個之外，大多數的頭領都並不反對現有的政治制度或社會體制，並且「誓死效忠趙官家」，他們不反對當政者，反對的是那些貪官污吏，他們的夢想是要取代那些腐敗的執法者。

宋江在江州題反詩，被判死刑，梁山泊好漢劫法場，並抓住了當初密告他的「通判」黃文炳，好了，「眾家好漢」怎麼處置他？

有些版本簡化了這特別殘忍的一段，但「天都外臣序刻本」裡寫得很清楚：晁蓋命令「就討盆炭火來，細細地割這廝，燒來下酒」，李逵便把尖刀先從黃文炳的腿上割起，揀好的就在炭火上炙來下酒，割一塊，炙一塊。無片時，割了黃文炳（也吃了個精光）。李逵方才把刀割開胸膛，取出心肝，把來與眾頭領做醒酒湯。

這種拿仇人甚至無辜者的心臟來做醒酒湯的場面，在小說裡出現了好幾次，吃人肉倒只有這一次。

「病關索」楊雄的老婆潘巧雲因為老公不解風情，便和一個俊俏的和尚裴如海偷情，被「拚命三郎」石秀發現後，楊、石二人把潘巧雲和貼身的丫頭迎兒騙到翠屏山上，先一刀殺了迎兒，再把潘巧雲綁在樹上，「一刀從心窩裡直割到小肚子上，取出心肝五臟，掛在松樹上」，等於是把破碎的屍體做出某種宣示。

上述的行為都符合連續殺人狂的描述，其餘各處還有許多，不勝枚舉。

再看武松血濺鴛鴦樓，他要去殺當初陷害他的張都監、張團練與蔣門神，他先到後花園門外，殺了馬廄的管理員，再翻牆進入院中，只見兩個小丫鬟在廚房中煮湯，也一刀一個的殺了，然後才上樓去殺了三個仇家，下樓時又碰到張夫人，一刀劈面砍去，夫人倒地在下叫喚，武松想割她的頭，卻割不下去，就著月光一看，原來殺人殺多了，刀刃已經砍缺了。

作者描寫這一整場血腥，顯然有著異樣的興奮，連砍缺了刀口這種細節都想得出來，在全世界的文學史上應該是獨一無二的。

武松在這一晚，一共殺了十五個人，其中九個是女性。

6

《水滸傳》的作者仇視女性非常明顯，但我要特別為作者開脫一下，現代女性作家特別愛替潘金蓮、閻婆惜翻案，我卻認為潘金蓮是自己找死，閻婆惜則是笨死的，跟仇視女性沒有什麼關係，如果把她們兩人的性別替換成男的，她倆仍然死路一條。

潘金蓮不滿丈夫武大郎，先想勾引武松不成，便與西門慶偷情，事發後，當初撮合他倆的王婆給了潘金蓮一包砒霜，要她毒死武大郎。潘金蓮把毒藥下在給武大郎喝的藥湯裡，武大郎吃下去後，肚中劇痛，大聲嚷嚷，「這婦人便去腳後扯過兩床被來，匹臉只顧蓋」，武大郎仍慘叫，「這婦人怕他掙扎，便跳上床，騎在武大身上，把手緊緊地按住被角，哪裡肯放些鬆寬」，可真夠狠！

瞧她這一連串凶狠的行為，在那時代肯定會被死刑，何況她明知丈夫的弟弟是個殺人不眨眼的混世魔王，她這不是自己找死是什麼？

如果把潘金蓮換成男性，這故事就變成：他勾引老婆的妹妹不成，另外找了個小三，然後又毒死他的老婆，還騎坐在她的頭上，這種男人能活麼？

再看閻婆惜的作為，她是還沒結婚的宋江養在外面的女朋友，房子、家具都是宋江買的，衣服、首飾也都是宋江買的，每個月還有安家費，宋江這男朋友很夠意思了吧？

後來閻婆惜看上了宋江的同事張文遠，兩人如膠似漆，宋江聽到風聲後，「是個好漢胸襟，不以這女色為念」，但只不再上閻婆惜的門。

喂！房子可是宋江的咧，女朋友跟別的男人睡在他的房子裡，他卻不計較，這種男人要上哪兒找？

一夜，梁山泊的大頭領「托塔天王」晁蓋想起宋江曾對他們有恩，便派「赤髮鬼」劉唐帶著一封書信與一百兩黃金來送給他，

宋江不拿黃金，只留下了那封信，卻好死不死的被閻婆惜看見了，她竟想藉此勒索宋江，要他交出信中提到的那一百兩黃金。

宋江說自己並沒收下那筆錢。閻婆惜不信，並威脅他如果不把錢交出來，她就要上告官府，說他跟梁山匪寇有勾結。

姑且不論宋江對她有多少恩情，又多麼寬容，大家想想，她既然知道宋江跟那群連軍隊都剿滅不了的悍匪有深厚的交情，還敢這麼大剌剌的勒索他、恐嚇他、威脅他，宋江不殺她滅口還能幹嘛？所以她不是笨死的是什麼？

閻婆惜若是個男的，他這樣明目張膽的勒索黑道老大，能活麼？

真正倒楣的是潘巧雲，她只不過是因為老公不做愛做的事，便找了個和尚偷情，沒有絲毫壞心眼。她死得太冤、太慘了，怎麼都沒人替她翻案呢？

7

根據統計，百分之七十以上的連續殺人狂「產生」於現代美國，《水滸傳》的作者不經意的透露出心中微妙的底層，當是美國聯邦調查局ＢＡＵ（行為分析部門）深感興趣的對象——在十四或十五世紀的中國就有這樣心理傾向的人，所以連續殺人狂並非現代社會的產物，這種罪犯會不會一直都存在於各地區的歷史當中？只是沒被特別挑出來罷了。

《水滸傳》在逐漸演變的過程裡，參與的作家可能有好幾個，現在的版本究竟是誰完成的？他會不會一面修改、潤飾，一面還偷偷的跑出去犯案？

這當然是身為小說家的我心中之大謎。如果能據此發展出一個劇本，應該是一部非常另類的電影。

歷史文學犯罪心理恐怖驚悚懸疑推理片！

嗯，可真像是元朝文人愛幹的事。

鄭和的航空母艦

1

西元一四〇五年，英國國王亨利四世一面忙著焚殺「威克利夫教派」的異教徒，一面忙著對外征戰；法國「發瘋的國王」查理六世則躑躅於已成一片廢墟的巴黎，在瓦礫當中覓食。

英、法兩國陷在「百年戰爭」的泥淖裡，看不見一絲曙光，令人振奮的聖女貞德還要再過七年才會出生，至於十七年後，英王亨利五世再度跨海遠征法國，只有四艘僅能搭載四百名士兵的漁船可供使用。

這時的「大明王朝」在幹什麼？

企圖重振成吉思汗雄風的北方大敵「擴廓帖木兒」於年初病死，環視宇內已沒有任何威脅。「大明」永樂皇帝穿著亮麗的雲錦絲綢，品嘗著山珍海味，逍遙的安坐在「南京」的宮殿裡挑選秀女；千里之外，金碧輝煌的「北京」紫禁城正如火如荼的趕工興築；負責宣揚大明國威的鄭和艦隊，則於年底從劉家港揚帆出海，其陣容規模之龐大、技術裝備之精良，可令全世界的人們瞠目結舌，誤以為是神國降臨凡塵。

這麼說，一點都不誇張，這座海上城市與大多數還未脫離黑暗時期的歐洲城鎮相比，都要來得更巨大、更完備、更先進。

艦隊擁有兩百多艘大小船隻，最大的「寶船」有五、六十艘，每艘長一百三十八公尺，寬五十六公尺，此外尚有具備各種實際功能的糧船、馬船、坐船、戰船、水船、醫療船、軍火船、植物栽培船……等等，甲板總面積超過二十五平方公里，搭載成員兩萬八千多人，放眼當時世界各國，鮮少有這麼大的城市，舉例而言，十三世紀末的倫敦城，才只不過一點三二平方公里而已。

艦隊成員大致如下：

（一）使臣

官銜	人數	職掌
欽差正使太監	7	正四品，掌管艦隊所有外交、作戰、貿易等重大決策，為中樞指揮機構；有時各自率領分遣隊，向四處探險。
欽差副使監丞	10	從四品，輔佐正使。
少監	10	從四品，掌管艦隊航行安全。
內監	53	正五品，掌管艦隊航行安全。

（二）軍隊

官銜	人數	職掌
都指揮使	2	正二品，高階統兵將領，掌一方之軍政。
四哨副都督	4	從二品，平時為統兵萬人的將領。
指揮	93	正三品，平時為統兵五千的將領。
千戶	104	中級軍官，統兵千人。

官銜	人數	職掌
百戶	403	中級軍官，統兵百人。
總旗	約400	下級軍官，統兵五十人。
小旗	約2000	下級軍官，統兵十人。
總甲	不詳	下級軍官，統兵十人。
校尉	不詳	擎執鹵簿儀仗，宣召官員，差遣幹辦，隸錦衣衛。
力士	不詳	專領金鼓旗幟，隨欽差出入，守衛四門，隸旗手衛。
軍力	約2000	一般兵卒，並兼任鴉班、車手、繚手、碇手、搖櫓划槳的水手等職。
軍匠	不詳	負責製造火器、冶鍊兵器。
養馬	不詳	專司照料馬匹。
老軍	不詳	年歲已大，但富有經驗的老兵。
餘丁	2	旅途中從海裡救起的落難客。

（三）各類執事

官銜	人數	職掌
戶部郎中	2	掌管糧草與後勤支援，管理海外各國進貢的物品。
舍人	2	向各國國王頒讀明帝詔書、起草文書、記錄艦隊功績、在各地樹碑紀實等。
鴻臚寺序班	2	負責使團與各國的來往禮儀，並教導各國使節禮儀。
陰陽官	1	多為僧、道，觀測風雲變化，專司氣象預報。
陰陽生	4	同上。
御醫	10	防治疾病，沿途搜集各地藥物，並吸收各國醫學。
民醫	170	同上。
教諭通事	10	翻譯諸夷之言，並向外國傳播中華文化。
買辦	不詳	負責採購供應。
書算手	不詳	負責會計出納。
廚役	約800	負責飲食。
小廝	不詳	負責各項雜務。

（四）船務

職務	人數	職掌
伙長	約200	掌管針經圖式並司羅盤針，確定船舶航行方向。
香公	約200	在天妃神座前點燈敬香，並計時、計程。
舵工	約1500	掌舵操駕船隻。
鴉班	約3000	披紅執旗，緣繩而上大桅，張掛頂帆及旗幟。（由兵卒兼任）
碇手	約3000	負責下錨、起錨。（由兵卒兼任）
車手	約3000	司絞車，絞起巨大無比的篷帆錨舵。（由兵卒兼任）
繚手	約3000	繚繩直徑二尺（約六十四公分）左右，需力大者方能收放。（由兵卒兼任）

2

這支空前絕後、恍若外星人建造的艦隊，目的為何？後人一直多所揣測，其中最廣為流傳的就是明成祖朱棣企圖鞏固自己的皇位，一心想要搜尋「建文帝」的下落。

明朝的開國皇帝朱元璋死後，把皇位傳給長孫朱允炆，是為建文帝，但朱元璋的第四個兒子朱棣不服，起兵造反，史稱「靖難」。

叔叔強搶姪兒的皇位，畢竟不是什麼體面事，而且建文帝頗受臣民愛戴，朱棣攻破當時的首都南京、入繼大統之後，大臣盡忠死節的很多，讓朱棣深感忌憚，索性將他們誅九族、誅十族的斬草除根，最重要的是，南京城陷之際，宮中起火，一片大亂，事後並未找到建文的屍首，傳言他早已出逃，躲到國外去了。

很多人認為尋找建文、徹底挖掉這禍根，是朱棣心中的一大隱結，後來才會派鄭和下西洋。

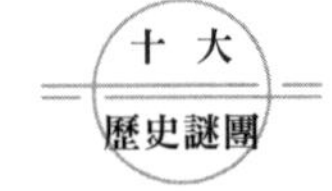

另一派學者則不贊同這種說法，他們認為「大明」國力在永樂時期達到頂峰，明成祖又好大喜功，派遣艦隊下西洋的主要目的，是要肅清橫行南洋的海盜，暢通海運，宣揚大明國威，讓萬國來朝。

明成祖即位之初，每年都有許多外國使節團前來朝貢，在鄭和下西洋之後，更是越來越多，於永樂十九年（西元一四二一年）正式遷都北京時達到最高峰，這一年共有二十一個國家組成一千兩百多人的代表團前來訪問，北京儼然成為全世界的政治、文化、經貿中心，就跟現在的紐約差不多。

然而宣揚國威的代價可不低，正如同當今的金錢外交，花錢當凱子，卻無任何實質收益；又因艦隊的頭兒都是太監，掌持朝政的文官集團得不到半點好處，當然暗自不滿，所以當明成祖去世、明仁宗繼位之後，文官集團與宦官集團之間的矛盾立刻爆發，以戶部尚書夏原吉為首的文官群起發難，交章抨擊鄭和艦隊靡費公帑，導致國庫空虛、民不聊生，明仁宗朱高熾便頒布了「海禁」之令，「不許片帆入海」。

文官集團的著眼點是經濟效益，因為以當時「大明」的眼光來看，無論西洋、南洋，不過都是些蠻荒之地，除了一些珍禽異獸之外，沒什麼了不起的財貨，「大明」要啥有啥，何必遠渡重洋的去搜求？

幾十年後，原本航海術比中國差了一大截的歐洲展開了「大航海時代」，水手們懷著年輕飛揚的心，揚帆遠征，將未知的世界一塊一塊的拼湊在他們所屬的國家版圖上。在他們「落後」的眼光裡，到處都是寶藏，到處都能發財。

當時的人或許並不了解，兩者之間的差異並不在於眼前的利益，而是開創的精神。

古老的中國就從這時開始走入閉關自守的漫漫長夜，歐洲的小屁孩們則乘勢而起，席捲全球。

3

明朝的航海技術歷經宋、元，已臻成熟，指南針與過洋牽星術能夠讓船隻在大海中確定方向、遠渡重洋；從竹節領悟出來的水密隔艙技術，使得船底就算破了洞，也不會沉沒於波濤之中。

但是關於鄭和艦隊的記載裡，有一個很大的謎團：現代核能動力的航空母艦大約長三百多公尺、寬七十多公尺，在鄭和所處的時代，一艘長一百三十八公尺、寬五十六公尺的寶船，真能航行嗎？

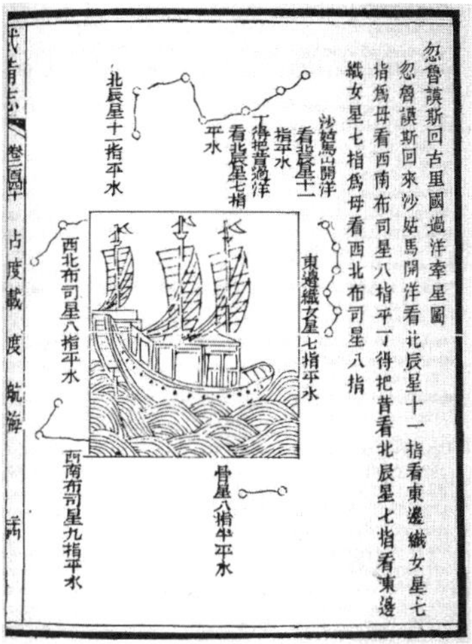

前面曾提到晉朝攻滅東吳的艦隊，最大的船長達八十公尺，且比鄭和的寶船早了一千一百多年，既然晉朝的船能夠行駛，鄭和的寶船為何不行？

我們都知道，晉朝的艦隊是順長江而下，藉由江水的動力，就算是把一堆巨木綁在一起也能順流直下，行船當然不成問題，

《鄭和航海圖》中的「過洋牽星圖」，原載於明茅元儀編《武備志》。

消滅東吳之後，這些巨艦的命運大概就是停在岸邊，當成供人瞻仰的大布景。

鄭和的寶船則要在海面上行駛，可是另外一回事了，僅靠風力、洋流，行嗎？若用人力、獸力，需要多少？

我不是航海專家，說不準，僅憑直覺只有一個——不可能！

二〇〇七年，有個到處畫大餅的郭姓企業家想要拍攝《鄭和下西洋》的劇情片，找到了我。

我跟他去南京的「鄭和寶船廠遺址公園博物館」參觀，館長做了個簡報，明白的告訴我們，以現代的條件造不出這麼大的木船，一則，現在已找不到巨木來做龍骨，二則，以他造船專家的專業判斷，即便建造出來，也不可能在海上航行。他的推論是，歷史記載中的寶船只是皇帝派遣欽差命令艦隊出航時，舉辦授旗典禮的平台，典禮完成、艦隊出航之後，便拖回港內安放，並不實際參與航行。

郭大餅先生本想按照明代樣式建造一艘寶船，先拍電影，殺青之後還可以

乘著這艘大木船遨遊四海，宣揚「郭」威，所以他聽完館長的簡報，立刻顯得意興闌珊，電影計畫就此煙消餅碎，害我做了好幾個月白工。

4

我對寶船的猜測跟博物館館長不太一樣，這得先觀察鄭和的出身背景與行事風格。

鄭和本名馬三保，回族人。南宋時期，他的祖先跟隨蒙古大軍攻入雲南，便留在雲南為官，六世祖被封咸陽王，祖父當過雲南省長，父親則世襲滇陽侯，他可謂含著金湯匙出身。

明朝創立，明軍攻入雲南，元朝的官員統統遭殃，他被俘虜的時候只有十歲，竟遭閹割之刑，然後發配給當時還是「燕王」的朱棣為奴。

朱棣起兵「靖難」，他追隨在側，於「鄭村壩」與建文帝的南軍大戰時立下戰功，由此可見他能文能武，成為明成祖最信任的太監。

明成祖決定下西洋，首先當然要建造艦隊，如此龐大的工程所耗費的人力、物力、財力應是天文數字。

由誰掌管如此巨大的經費？自是皇帝最親信的人，鄭和就成了不二人選。以鄭和的資歷，早已摸透了皇帝的心思，更熟悉宮中與官場的種種狀況，深知這個職位肥美得滴油，但也危險得刺骨。

視宦官集團如眼中釘的文官集團勢必會在雞蛋裡挑骨頭，想盡辦法找出他的過錯。

經手這麼龐大的錢財，哪會沒有一點誤差？往往一點誤差就會要他的命！而宮裡的太監會是他的靠山？做夢！他一離開皇帝身邊，馬上就有其他太監想要乘虛而入，挖他的牆腳、拆他的台，比文官還要凶狠！

皇帝整天被讒言謗語圍繞，遲早會對他起疑，所以他一定要想辦法堵住所有人的嘴。

文官與太監必定會派許多密探到船廠附近窺伺他的行動，這些人對於航海都是外行，一看他建造出來的船艦，心想：「就這麼些破船、小船，需要花這麼多錢？騙鬼！」

小報告往上面一打，鄭和就算有九顆腦袋也不夠砍。

所以他先造出龐大的寶船，船尾的艉樓甚至恍若宮闕，有九層之高。

我們都看過航空母艦，艦橋都是放在船體中間，重心才會穩。但寶船龐大不說，船尾還壓著一座九重宮闕，使得尾重頭輕，這船若真的駛到海上，大概一級風浪就能讓它咕嘟咕嘟的沉到海底。

但是那些外行密探哪懂這些？必被唬得一愣一愣：「乖乖隆的咚，這條大船硬是要得！果然值這麼多錢！」

小報告即使打上去，也會這麼寫著：「船艦確實所費不貲，卑職當另尋鄭和枉法之證據。」

所以我認為，一百三十八公尺長的寶船只是一個道具，不，是鄭和的保命符！

艦隊出航時，這些寶船自然不會隨行，靜靜的躲在船塢裡留待下次使用。

鄭和前後出航七次，它們也被使用了七次，夠本了。

再從另外一個角度來看，現在許多企業想要募資，都是先畫一個很炫的大餅擺在那兒，讓人驚嘆：「哇！這家公司挺有未來性的，快投資！」其實這大餅根本沒有實際作用，騙錢的道具而已。

這只是我的猜測，真相如何，大家繼續研究吧。

5

《殊域周咨錄》中提到，後來明憲宗當政時，有太監想勸誘皇帝再派艦隊出使西洋，明憲宗頗為心動，下詔內庫取出《鄭和出使水程》做為參考，兵部尚書項忠派人去找檔案，卻先被「車駕郎中」劉大夏藏了起來。

兵部的吏員與管理內庫的小宦官找了三天，找不到檔案，惹得項忠大怒，把吏員鞭打了一頓，罵道：「庫中案卷寧能失去？」

劉大夏在旁冷冷的說：「『三保』下西洋費錢糧數十萬，軍民死且萬計，縱得奇寶而回，於國家何益？此特一敝政，大臣所當切諫者也。舊案雖存，亦當毀之以拔其根，尚何追究其有無哉？」

「三保」或「三寶」太監指的是鄭和。

劉大夏的觀念正是「大明」要啥有啥，何必遠渡重洋？就算檔案還在，也該燒毀，「以拔其根」，幹嘛還要追究？

在歷史研究上，《鄭和出使水程》檔案非同小可，因為其中應有大量的原始資料——皇帝的敕書詔令，艦隊的編制、名單、帳目等等，其中尤以航海日誌最為珍貴。

艦隊到底去過哪些地方？有些什麼收穫？只有航海日誌記載得一清二楚。大內檔案浩瀚如海，劉大夏隨便往另外一宗案卷裡一塞，真個如同泥牛入海，無跡可尋。

劉大夏是個藏匿檔案的高手，這種事兒幹了不只一次。

《明史》記載他在擔任「兵部郎中」的時候，皇帝想征討越南，下令調取明成祖時期征伐越南的檔案，他便也將檔案藏起，讓皇帝無前例可循，使得這行動無疾而終。

劉大夏不願皇帝動輒興兵、勞民傷財，當是賢臣，後來官至兵部尚書。揣測他的動機只是息事寧人，或許並沒有真正燒掉那些檔案，只是，他把它們藏到了哪裡？這又是一個謎。

明朝的內閣大庫檔案後來雖然迭遭變亂，但仍有許多一直保存到現代。或許有一天，某個研究員不經意的拂開灰塵，從一堆泛黃的卷宗裡翻出了鄭和當年的航海日誌，赫然發現，當年第一個抵達美洲新大陸的不是哥倫布的艦隊，而是鄭和的艦隊！

司馬遷寫的一篇小說——《趙氏孤兒》

1

司馬遷是歷史學的祖師爺，所有史官的老大。

《史記》為二十五史之首，學歷史的必修之課、必讀之書。

然而，不得不說，司馬遷的基本心態比較偏向小說家，如果他活在現代，應該會成為一個很棒的編劇或小說家，而不會選擇一板一眼的歷史學。

我決非詆毀司馬遷，《史記》裡的小說筆法很多，尤其以〈趙世家〉裡面寫到的趙氏孤兒一事最為明顯。

2

〈趙世家〉記載的當然是趙氏之事。

趙氏在春秋時為晉國的大族，後來與韓、魏兩家聯合，把晉國瓜分了。《資治通鑑》將三家分晉當成春秋、戰國的分野，趙、韓、魏三國都成為「戰國七雄」之一。

趙氏孤兒的故事發生在趙氏仍為晉國上卿的時候。這個故事起伏跌宕，曲折懸疑，戲劇性十足，京戲中有《搜孤救孤》，屬於叫好又叫座的戲碼，後來曾經多次拍成電影、電視，大家應該都有印象。大致故事如下：

趙氏的祖先曾為晉國立下大功，到了晉景公的時候，趙氏由趙朔當家，並娶了晉景公的姑姑「莊姬」為妻。「司寇」屠岸賈是個大壞蛋，聯合其他的將領攻入趙氏的大本營「下宮」，把趙氏一族全都殺光了，史稱「下宮之難」。

這時趙朔已病死，遺孀莊姬已有身孕，她逃回晉宮，產下了遺腹子趙武。

屠岸賈聽說此事，為了斬草除根，竟派人到宮內去搜。

屠岸賈是「司寇」。司寇位次三公，與六卿相當，與司馬、司空、司士、司徒並稱「五官」，掌管刑獄、糾察等事。這官兒雖然不小，但是隨隨便便就能進入王宮裡去盤查國君的姑姑？未免太扯了。

司馬遷繼續寫道，莊姬把嬰兒藏在裙子底下，向天祝禱：「趙宗滅乎，若號；即不滅，若無聲。」

即是說，「上天若要讓趙氏滅絕，那就讓嬰兒哭吧；如果趙氏還不該滅，嬰兒就不哭。」

莊姬應該是向上天默禱，只有她自己心裡知道，旁人怎會聽得見？這些禱詞又怎會流傳下來，被司馬遷記錄在案？

當然有可能是莊姬事後對別人說的，但在民間傳說中，莊姬把嬰兒託付出去之後就自殺了，怎還會對別人說起這件事？

《史記》倒沒說她自殺了，但從此之後她也消失不見，即便在趙武復仇時，她也沒再出場，豈不怪哉？

這時又多了兩個人物，程嬰與公孫杵臼。程嬰是趙朔的朋友，公孫杵臼是趙朔的門客，兩人密議如何救出嬰兒並復興趙氏？

公孫杵臼問說：「復興趙氏比較難，還是死比較難？」

程嬰說：「當然是復興趙氏難。」

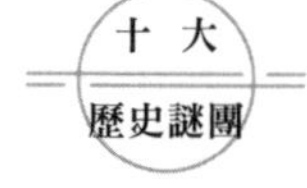

公孫杵臼便說：「那麼你做難的，我做容易的。」

兩人便去找了個嬰兒，由公孫杵臼抱著躲起來，程嬰則去告密。

屠岸賈立刻派人去抓，把公孫杵臼與嬰兒都殺了。

屠岸賈與眾將以為殺光了趙氏，都很高興，哪知莊姬已將嬰兒託付給了程嬰。

程嬰帶著孤兒躲入山裡，十五年後，晉景公做了個噩夢，便請後來韓國的祖先韓厥解夢。

韓厥說：「趙氏曾為晉國立下大功，卻被滅族，晉國的百姓至今仍為趙氏抱屈，這個噩夢便是要請國君為趙氏平反。」

晉景公得知趙氏還留有一個孤兒藏在山中，立刻把程嬰跟趙武找來，並發兵滅了屠岸賈一族，替趙氏復仇。

程嬰眼見大功告成，便要去自殺，趙武苦苦哀求。

程嬰笑說：「當初公孫杵臼與我相約，要我復興趙氏，現在大事已成，我當然要去告訴他與趙朔，否則他們會一直在黃泉地府苦苦等我的消息呢。」

程嬰自殺後，趙武服喪三年，並替程嬰與公孫杵臼二人建祠祭祀，世世不絕。

司馬遷的這個版本裡有好幾個錯誤，趙朔的遺孀、趙氏孤兒的母親莊姬應是晉景公的姐姐，而不是姑姑；「下宮之難」趙氏被滅，發生在晉景公十三年（西元前五八七年），程嬰與趙武又在山裡躲了十五年，便應是西元前五七二年了，這時晉國的國君應是晉厲公或晉悼公，因為這一年年底晉國又發生大亂，晉厲公被殺，晉悼公於翌年年初即位，所以搞不清楚做噩夢的是誰，反正絕對不可能是晉景公。

這些細節上的錯誤並不重要，重要的是真相果真如此？

3

《左傳》對於此事可有另外一個版本，滅絕趙氏的元凶其實是趙氏孤兒的母親莊姬！

根據《左傳》的記載，晉景公十三年（西元前五八七年）十一月，「晉趙嬰通於趙莊姬」。

「趙嬰」即是趙嬰齊，趙朔的叔叔；「通於趙莊姬」就是說他與姪兒趙朔的老婆莊姬私通。

翌年春，「原屏放諸齊」。

「原屏」是趙同，因被封在「原」，所以另以原為氏，他也是趙朔的叔叔、趙嬰齊的哥哥，因為這件亂倫醜事，所以把趙嬰齊放逐到齊國。

晉景公十七年（西元前五八三年）夏，「晉殺其大夫趙同、趙括」，趙括也是趙同的弟弟；「晉趙莊姬為趙嬰之故，譖之於晉侯，曰：原屏將為亂」，因此「六月，晉討趙同、趙括」。

這個晉侯當然是晉景公；莊姬因為自己與趙嬰齊通姦這件事，在晉景公面前誣告趙同，罪名是「將為亂」，可笑吧？怎麼知道某人將來會作亂，莊姬難道能夠穿越時空？

以上的記載一直沒有提到趙朔，所以他恐怕早已病死了；更沒有提到屠岸賈，整部《左傳》裡都沒這號人物。

後來韓厥勸諫晉景公，趙氏數代皆有功於晉，滅族之舉未免太過分了，這時「武從姬氏畜於公宮」，趙武跟著母親莊姬住在晉宮內，於是晉景公便立趙武為趙氏族長，並將已經賜給祁奚的趙氏產業還給趙武。

莊姬也就搖身一變，成了趙氏的太后！

4

這兩個天差地別的版本，到底哪一個才是真的？

《左傳》成書於春秋末期，比《史記》早了三百多年，我當然認為《左傳》的記載是真的，一是因為越接近一手的資料當然越真實，另一方面則是因為司馬遷的版本有太多小說的成分，他老先生本就偏愛戲劇性強烈的故事。

如此看來，大家所熟悉的壞蛋屠岸賈、義士程嬰與俠客公孫杵臼，竟都是虛構的人物。

民間傳說與戲曲後來又加油添醋，把那倒楣替死的嬰兒說成是程嬰的。程嬰告密，讓屠岸賈抓住公孫杵臼與自己的兒子，然後眼睜睜的看著屠岸賈殺了自己的兒子，程嬰在旁悲痛萬分、心頭淌血，又不敢形之於外，這場狗血可真灑到了極致！

屠岸賈又很欣賞程嬰，讓他留在自己身邊，又以為趙武是程嬰的兒子，對他很好，一手將他撫養長大。

而最糟糕的是，真凶莊姬竟被後世的諸多戲曲、電影、電視劇塑造成貞節烈女，把孤兒託付給程嬰之後就自殺了。

惡女淫娃居然變成了聖女、烈女、貞女，扭曲歷史真相，以此為最！

5

歷史故事當然會隨著時空逐漸演變，譬如說趙子龍當陽救阿斗，從最簡單的「身抱弱子，保護甘夫人，皆得免難」，變成了三進三出曹營，大殺曹將，以至於七進七出，砍倒大旗兩面，奪槊三條，前後槍刺劍砍，殺死曹營名將五十餘員。

這種誇大式的演變算是正常的，但趙氏孤兒的兩個版本卻差得太多了，而且兩者之間只經過了三百多年，不可能產生這麼大的變動。

必定有人在幕後主持整個編造假史的計畫。

此人是誰？應是趙武無疑，替母親與趙氏遮羞。

幾年前，我寫了一個電影劇本，名為《造史》。

我跟太史公司馬遷一樣，喜歡戲劇性強烈的人物與情節，所以我把編造假史的幕後指使者派在趙武的曾孫趙無恤的頭上，也就是史記〈刺客列傳〉中豫讓想刺殺的那一個。

這趙無恤心狠手辣，殺死姐夫，併吞了「代國」，逼得自己的姐姐自殺，還把仇人智伯瑤的腦袋砍下來做成酒杯。

劇本講述趙無恤想要竄改歷史，召集了幾個能幹的大臣，但大臣們雖然很會治理政事，卻都不是編劇的料，編出來的劇情淡而無味，讓趙無恤很不滿。

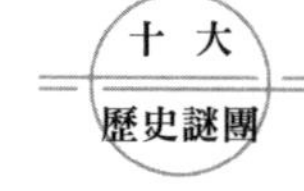

一天，他在街上經過兩間正在打對台的酒館，兩間酒館的老闆都是年輕人，男的叫阿飛，女的叫阿青，兩人搶著介紹自己店裡的酒菜，口沫橫飛的胡說八道，卻又說得挺有趣，逗得路人哈哈大笑。

趙無恤便把兩人請入宮中，兩人你一言我一語的編出了屠岸賈、程嬰、公孫杵臼等人物，與各段扣人心弦的故事情節。

把那替死的嬰兒改成是程嬰的兒子就是高招，古代的編劇真不比現代差，狗血灑滿地；或是說，兩千多年來，編劇的技巧並未進步多少？

編完之後，趙無恤想殺兩人滅口，兩個小夥子卻棋高一著，先一步躲到齊國去了。

電影的最後會打上三串字幕：

「三百多年後，司馬遷採用了阿飛、阿青編出來的故事，將它收錄在《史記》裡。」

「《左傳》的真實記載雖然沒有被磨滅，但兩千多年來注意到它的人並不多。」

「也許，事實真相並不重要，好聽好看的故事才會流傳得廣泛久遠。」

唉，希望歷史學別真的走上這一步。

文學叢書 631

十大歷史謎團

作　　者　郭　箏
總 編 輯　初安民
責任編輯　陳健瑜
美術編輯　林麗華　陳淑美
校　　對　呂佳真　陳健瑜　郭　箏

發 行 人　張書銘
出　　版　INK印刻文學生活雜誌出版股份有限公司
新北市中和區建一路249號8樓
電話：02-22281626
傳真：02-22281598
e-mail：ink.book@msa.hinet.net
網　　址　舒讀網http：//www.inksudu.com.tw

法律顧問　巨鼎博達法律事務所
施竣中律師
總 代 理　成陽出版股份有限公司
電話：03-3589000（代表號）
傳真：03-3556521
郵政劃撥　19785090 印刻文學生活雜誌出版股份有限公司
印　　刷　海王印刷事業股份有限公司

港澳總經銷　泛華發行代理有限公司
地　　址　香港新界將軍澳工業邨駿昌街7號2樓
電　　話　(852) 2798 2220
傳　　真　(852) 2796 5471
網　　址　www.gccd.com.hk

出版日期　2020年7月　初版
ISBN　978-986-387-344-0

定　　價　300元

國家圖書館出版品預行編目資料

十大歷史謎團／郭箏 著；
--初版，--新北市：INK印刻文學，
2020.07　面；　公分（文學叢書；631）
ISBN　978-986-387-344-0（平裝）
1.中國史　2.通俗史話
610.9　109008258